À PLUS 3

MÉTHODE DE FRANÇAIS POUR ADOLESCENTS

GUIDE PÉDAGOGIQUE

A2.2

AUTEURE

Sophie Lhomme

EDITIONS
maison des langues

www.emdl.fr/fle

Sommaire

Introduction   page   4

Unité 1.   En route !   page   9

Jeux   page   25

Test Unité 1   page   26

Unité 2.   Réseaux   page   27

Jeux   page   43

Bilan Unités 1 et 2   page   44

Unité 3.   La forme ?   page   45

Jeux   page   61

Test Unités 2 et 3   page   62

Unité 4.   Notre cinéma   page   63

Jeux   page   79

Bilan Unités 3 et 4   page   80

Unité 5.   Engagés   page   81

Jeux   page   97

Test Unités 4 et 5   page   98

Unité 6.   Faites du bruit !   page   99

Jeux   page 115

Bilan Unités 5 et 6   page 116

Évaluation finale   page 117

Introduction

À plus est une méthode de français destinée aux adolescents qui s'appuie sur le *Cadre européen commun de référence pour les langues*. Elle vise à faciliter l'apprentissage du français et la découverte des cultures francophones. Ses objectifs sont de susciter l'intérêt des apprenants, de leur donner le plaisir d'apprendre dans une perspective actionnelle, c'est-à-dire avec des objectifs concrets et réalistes.

Pour les auteurs, la motivation est essentielle à l'apprentissage. **À plus** propose donc des contenus variés, proches des intérêts des adolescents afin de les impliquer intellectuellement et émotionnellement dans leur parcours d'apprentissage. Afin de leur donner confiance en eux, elle aide les élèves à prendre conscience de leurs progrès et les encourage à développer des stratégies d'appropriation de la langue.

Les objectifs d'À plus 3 correspondent à ceux fixés par le *Cadre européen commun de référence pour les langues* pour le niveau A2.2. Il s'agit donc de rendre les apprenants capables de :

- comprendre l'idée générale et les informations les plus importantes de textes oraux se rapportant à la vie quotidienne s'ils sont transmis lentement et clairement ; communiquer oralement lors de conversations simulées sur des thèmes étudiés, en utilisant des stratégies appropriées et en produisant un discours adapté au contexte de communication ;

- reconnaître l'idée générale et extraire des informations spécifiques de textes écrits grâce aux éléments textuels et non textuels sur des thèmes variés et adaptés ; rédiger des textes courts en utilisant les structures et le lexique appropriés ;

- identifier et s'approprier les aspects morphologiques, syntaxiques et phonologiques du français ;

- identifier et s'approprier des stratégies efficaces pour progresser dans l'apprentissage ;

- utiliser de manière encadrée les technologies de l'information et de la communication pour chercher des informations, produire des messages, etc. ;

- identifier et découvrir certains éléments culturels ou géographiques propres aux pays et aux cultures du monde francophone.

Dans la méthode, l'accent est mis volontairement sur l'interaction afin que la classe devienne un véritable moment d'échange et de travail collaboratif. La plupart des activités sont à réaliser en binôme ou en groupe afin de permettre aux apprenants de travailler ensemble, de s'entraider, de partager et confronter des idées. L'objectif est de faire de l'apprenant un véritable acteur de son apprentissage et de sa progression.

Les unités

La page d'ouverture

La première page de chaque unité annonce le thème central qui sera abordé dans les pages à suivre, illustré par une photographie.

Dans un encadré titré *Notre projet final*, elle expose de manière simple la tâche finale, ce que les apprenants seront capable de réaliser en fin d'unité.

L'autre encadré, sur fond blanc, contient les objectifs de communications ciblés.

Sur cette page, les apprenants découvriront également quelle séquence vidéo leur sera proposée.

Les doubles pages des unités

Chaque unité se compose de 3 leçons articulées autour d'une thématique.

Les activités écrites et orales sont distribuées sur chaque double page afin de travailler de manières variées les 4 compétences. L'oral est mis en avant afin d'encourager la prise de parole en classe. L'apprenant est guidé dans les activités de production qui favorisent son autonomie.

Pour chaque activité, une icône facilement identifiable signale la compétence travaillée.

Les encadrés *Voc +* et *Le sais-tu ?* constituent des zooms sur des points lexicaux ou culturels.

Voc + propose à l'apprenant d'enrichir son vocabulaire

Le sais-tu ? s'intéresse à un point socioculturel afin de sensibiliser l'apprenant aux cultures francophones.

À droite de chaque double page, une colonne intitulée **Nos outils** signale les principaux points de grammaire traités dans chaque double page. Elle permet une observation et une réflexion sur le fonctionnement de la langue en contexte. En bas de cette colonne se trouve un renvoi à la page *Nos outils* où ces points sont approfondis.

Les pages Nos outils, situées après les leçons, permettent de systématiser les points de grammaire abordés en proposant des activités et exercices en contexte. Des explications complètes des points de grammaire accompagnent les activités.

En bas de la page, des **activités phonétiques** permettent d'exercer l'oreille et la prononciation d'éléments réputés difficiles pour les apprenants de français.

En haut de la page, un encadré renvoie à l'espace virtuel, qui propose des activités additionnelles.

Les pages **Mag.com** proposent une approche ludique et progressive d'éléments culturels. Mag.com prend la forme d'un magazine illustré présentant des aspects socio culturels et sociologiques francophones. Des activités ludiques y sont proposées et les apprenants sont invités à faire des recherches sur Internet.

L'exploitation de cette double page permet de découvrir les multiples facettes du monde francophone.

Enfin, chaque unité se conclut par la réalisation d'une tâche finale collective intitulée **Notre projet final**. Cette page permet aux apprenants de mener à bien un projet qui leur donne l'occasion de travailler en groupe pour favoriser la cohésion au sein de la classe. Avec ce projet, les apprenants réutilisent les connaissances acquises au fil de l'unité. Ils mettent en œuvre des stratégies d'apprentissage afin de travailler de manière autonome grâce aux astuces et conseils présentés sur la page.

Une page de **Jeu** propose une activité ludique en lien avec le thème de chaque unité. Ces pages visent à réviser et systématiser les apprentissages avec une approche complètement différente. En se concentrant sur les enjeux de l'activité, les élèves oublient qu'ils sont en situation d'apprentissage et réutilisent les acquis de l'unité de façon spontanée. Les jeux constituent donc une excellente préparation à l'usage du français en situation authentique. Pour chaque jeu, on vous indique le temps imparti, le matériel nécessaire et les outils linguistiques sollicités.

Toutes les deux unités

Une page de **Test** portant sur les 2 unités vues en amont, permet de faire la synthèse des acquis. Les apprenants peuvent ainsi évaluer leurs progrès et se remémorer des points lexicaux et linguistiques.
La page de **Bilan** pour faire le point sur les acquis communicatifs favorise l'auto-évaluation et le bilan collectif des acquis des unités précédentes.

En fin de manuel

Le précis grammatical
Les différents sujets traités dans les colonnes *Nos outils* sont repris et développés dans le *Précis grammatical* qui se trouve à la fin du livre.

Les pages **Conjugaison** répertorient sous forme de tableau un éventail de verbes vus dans le manuel et leurs conjugaisons aux différents temps abordés dans la méthode.

Les transcriptions de tous les enregistrements sonores du manuel.

Le CD qui accompagne ce livre contient les dialogues en situation des différentes activités, ainsi que les exercices de phonétique. Tous les apprenants ont le CD dans leur livre. Il est donc possible de leur demander de faire une première écoute ou de réécouter certaines activités de compréhension orale à la maison.

En complément de la méthode, **À plus** vous propose également :

Sur l'espace virtuel, vous pourrez accéder gratuitement à des ressources complémentaires. Il propose notamment des activités auto-correctives pour les apprenants, ainsi que des évaluations, des propositions de plan de cours et de nombreuses autres ressources pour les enseignants.
espacevirtuel.emdl.fr/

En espérant que ce guide saura vous accompagner de manière efficace dans votre travail, nous vous souhaitons des cours stimulants et riches d'échanges avec vos apprenants.

Objectifs de l'unité

Dans cette unité, les élèves vont apprendre à décrire des lieux, exprimer des souhaits et des envies, parler d'activités de vacances et des objets utiles en vacances et raconter un voyage. Pour cela, ils abordent les prépositions de lieu, le passé composé avec **avoir** et **être**. Ils devront également apprendre à utiliser les verbes qui expriment le souhait **vouloir**, **aimer** au conditionnel, **avoir envie de** et **rêver de** + infinitif. Ils verront également les expressions qui indiquent des périodes de temps et les valeurs de **on**. Ils découvriront plusieurs villes françaises comme Paris, Marseille, des régions francophones telles que la Corse, les Pyrénées et le Québec et des pays francophones comme la Suisse et le Maroc.
La tâche finale consiste en la réalisation d'un reportage, en groupe, sur un lieu que les élèves aiment.

MISE EN ROUTE

Pour aborder l'unité, demandez à vos apprenants d'en observer le titre. Demandez-leur dans quelle situation on peut dire **En route !**. Ensuite, demandez-leur s'ils sont déjà allés dans un pays différent du leur et/ou quels pays ils aimeraient visiter. Profitez-en pour faire une révision des prépositions de lieu devant les noms de pays.

Contenus

Communicatif	Grammaire	Lexique	Phonétique
▸ décrire des lieux	▸ l'expression des souhaits : **je voudrais, j'aimerais, j'ai envie de, je rêve de**	▸ les lieux et les destinations	▸ révision [u] ou [y]
▸ exprimer des souhaits, des envies	▸ les prépositions de lieu : **à, en, au(x)**	▸ les activités de loisirs	
▸ parler d'activités de vacances	▸ l'utilité, l'usage : **servir à, être utile à**	▸ les objets utiles en voyage/vacances	
▸ raconter un voyage ou des vacances	▸ les périodes de temps : **au mois de…, en…, de… à, tout le/toute la**		
	▸ le passé composé avec **avoir** et **être**		
	▸ les valeurs de **on**		

Notre projet final

Faire un reportage sur un lieu qu'on aime

 **Sur les pavés, la plage : la plage en pleine ville**

1

Handwritten notes at top:

N/A. Can. Guat.
Mex. Honduras
U.S. Panama

Towns, villages, cities à
Most countries fem. en - France, Espagne, Angleterre
But masc. au Canada, au Japon, au Portugal,
au Maroc, au
Sénégal.
au Mexique,
aux États Unis.

On va où ?

OBJECTIF DE LA LEÇON 1
Décrire des lieux et exprimer des envies

OBJECTIFS SPÉCIFIQUES des activités de la double page

▶ familiariser les élèves au lexique des activités de vacances

▶ exprimer des souhaits à l'aide de **vouloir/aimer** au conditionnel et **avoir envie de**, **rêver de** + infinitif

▶ utiliser les prépositions de lieu devant les noms de pays

▶ parler des objets utiles en voyage

▶ employer des expressions de l'utilité : **ça sert à…, c'est utile !**

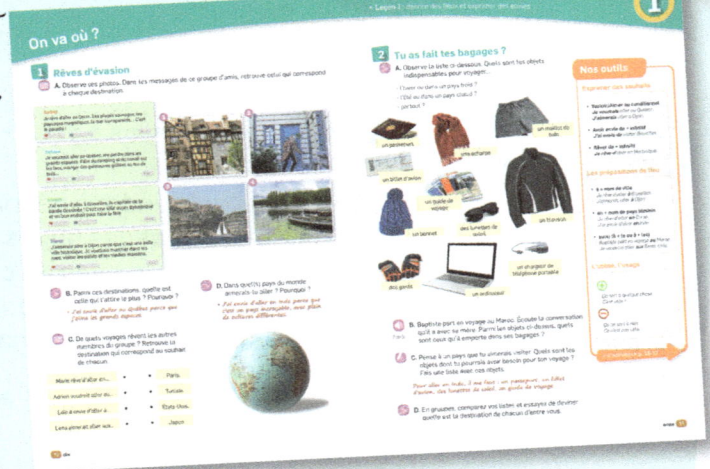

1. Rêves d'évasion

Objectifs de l'activité
Lire et comprendre des messages de vacances
Exprimer des envies de voyage

Mise en route : Demandez aux apprenants d'observer le titre de l'activité **Rêves d'évasion,** demandez-leur d'en déduire la signification. Posez-leur des questions : **Où aimerais-tu partir en vacances ? Quel pays tu voudrais visiter ? Quelle est la ville où tu rêves d'aller ?** Introduisez l'expression de souhait : *J'aimerais partir à la plage. Je voudrais visiter le Japon. Je rêve d'aller à Paris, etc.*

Déroulement
A.

● En classe, invitez les apprenants à prendre connaissance, individuellement, des quatre messages. Il s'agit d'une compréhension globale du texte.

● Demandez à quatre apprenants de lire chacun un message à voix haute.

● Ensuite, laissez les apprenants faire l'exercice par deux. Corrigez l'exercice en groupe-classe. Expliquez aux apprenants la signification de « guimauves grillées au feu de bois ».

Corrigés

Audrey – 3 / Sofiane – 4 / Maeva – 2 / Pierre – 1

B.

● Formez des groupes de 2 à 4 apprenants. Invitez-les à exprimer individuellement leur préférence et leurs justifications en utilisant les expressions de souhait et le connecteur **parce que**.

● Faites une mise en commun à l'oral. Vous pouvez écrire les justifications des apprenants pour chaque destination au tableau.

● Faites un récapitulatif des différentes expressions de souhait et de la structure de chacune. Laissez les apprenants formuler des hypothèses et rendez-vous à la page 16 dans la colonne *Nos outils* pour vérifier leurs hypothèses : **aimer/vouloir** au conditionnel, **avoir envie de** + infinitif, **rêver de** + infinitif.

● Rendez-vous ensuite page 16 pour réaliser l'activité du point 1.

C.

● Demandez aux apprenants d'observer les prépositions devant les noms de lieu dans les messages. Écrivez-les au tableau : **en Corse**, **au Québec**, **à Bruxelles**, **à Dijon**. Invitez-les à émettre des hypothèses sur l'utilisation des prépositions devant le nom de lieu. Posez-leur des questions : **Quel type de lieu sont Bruxelles et Dijon ? Et la Corse et le Québec ? Que peut-on déduire quand on utilise la préposition « à » ? La Corse et le Québec sont deux régions, mais qu'est-ce qui les différencie ?**

● Invitez les apprenants à réaliser l'activité C afin de vérifier leurs hypothèses.

● Corrigez l'exercice en groupe-classe.

Corrigés

Marie rêve d'aller en Tunisie.
Adrien voudrait aller au Japon.
Loïc a envie d'aller à Paris.
Lena aimerait aller aux États-Unis.

- Rendez-vous dans la colonne *Nos outils* page 16 pour expliquer la règle et réaliser ensuite l'activité du point 2 page 16.

D.

- Invitez les apprenants à former des groupes de 5. Laissez-les s'exprimer individuellement sur leurs destinations préférées.
- Faites une mise en commun à l'oral. Vous pouvez écrire les propositions au fur et à mesure.

Variante

- Chaque apprenant écrit, sur un papier, son prénom et un pays où il aimerait aller et pourquoi.
- Les apprenants se lèvent et par deux, échangent leur papier avec le prénom, la destination rêvée et sa justification. Par exemple, les apprenants A et B vont se dire :
  Je m'appelle A, je rêve d'aller en Italie pour manger des pizzas.
  L'apprenant B va répondre : *Je m'appelle B, je voudrais aller au Canada pour faire une promenade en traîneau.*
- Ils échangent une seconde fois leur papier avec un autre apprenant et prennent son identité. Ainsi, l'apprenant A dit :
  Je m'appelle B, je voudrais aller au Canada pour faire une promenade en traîneau.
  L'élève C : *Je m'appelle D, j'aimerais aller en Angleterre parce que j'adore le thé.*
  Les apprenants répètent une troisième fois cette opération.
- Ensuite, les apprenants se mettent en cercle et disent qui ils sont (selon le prénom du papier qu'ils ont) et où ils aimeraient aller et pourquoi, à tour de rôle. Il s'agit d'un jeu de mémorisation, en plus de structurer les phrases correctement.

2. Tu as fait tes bagages ?

Objectif de l'activité
"ne" dropped.

Découvrir les objets utiles pour voyager

Mise en route : Invitez les apprenants à réfléchir sur le mot **bagages**. Indiquez-leur qu'ils peuvent s'aider des images page 11. Demandez-leur quels sont, pour eux, les bagages indispensables à emporter où qu'ils aillent.

A.
p. 19 nos outils

- Introduisez les expressions d'utilité et d'usage.
- Demandez aux apprenants : **Est-ce que le passeport est utile pour voyager ? Est-ce que l'écharpe sert à quelque chose dans un pays chaud ? Est-ce que le maillot de bain est utile si vous allez dans un pays chaud ?** Guidez vos apprenants pour qu'ils répondent avec la même structure : *Oui, le passeport est utile pour voyager. L'écharpe ne sert à rien dans un pays chaud mais elle sert dans un pays froid. Le maillot de bain est utile dans un pays chaud.*

Corrigés

- Les objets indispensables pour voyager l'hiver ou dans un pays froid : une écharpe, un bonnet, un blouson, des gants.
- Les objets indispensables pour voyager l'été ou dans un pays chaud : un maillot de bain, des lunettes de soleil.
- Les objets indispensables pour voyager partout : un passeport, un guide de voyage, un ordinateur, un chargeur de téléphone portable.

B. ▶Piste 01

- Invitez les apprenants à prendre connaissance de l'exercice. Vérifiez qu'ils connaissent le sens du mot **emporter**. Si ce n'est pas le cas, demandez à un apprenant de chercher la définition dans un dictionnaire et d'expliquer le mot à ses camarades.
- Écoutez la conversation entre Baptiste et sa mère. Laissez 30 secondes aux apprenants pour compléter l'exercice.
- Demandez à un apprenant de citer les objets que Baptiste emporte.
- Demandez aux apprenants si eux aussi emportent leur ordinateur, quelle que soit la destination de leurs vacances. **Est-ce vraiment utile ? Est-ce qu'ils se servent de leur ordinateur ?**

Voir Transcriptions page 120 du livre.

Corrigés

Un passeport, un billet d'avion, un maillot de bain, un blouson, un chargeur de téléphone, un ordinateur.

C.

- Invitez les apprenants à prendre connaissance de l'exercice. Laissez-les faire l'exercice en rédigeant leur réponse sur leur cahier.
- Passez dans la classe pour corriger les erreurs éventuelles. Aidez-les pour combler leurs lacunes lexicales si elles existent. Si les apprenants ont un dictionnaire, les inviter à le consulter pour compléter leur liste d'objets.

- Demandez aux apprenants d'écrire leur destination en haut de la feuille puis de plier la feuille de telle façon que la destination soit cachée (ou coller un post-it par-dessus).

D.

- Invitez les apprenants à former des groupes de 5 personnes.
- Ramassez leurs listes, mélangez-les et redistribuez-les. La destination doit rester cachée.
- Chaque groupe lit la liste et, ensemble, ils émettent des hypothèses pour trouver la destination. Ils l'écrivent en bas de la feuille. Une fois qu'ils ont consulté toutes les listes, ils peuvent vérifier leurs hypothèses.
- Vous pouvez transformer cette activité en jeu pour que les élèves soient plus motivés à participer.
- Le groupe qui a deviné le plus de destinations remporte le jeu.

Variante

- Faites des groupes de 10 personnes et invitez-les à choisir une destination.
- Puis, le premier apprenant commence :
Pour aller en Inde, il me faut un passeport.
- Le second répète et continue :
Pour aller en Inde, il me faut un passeport et un guide de voyage.
- Et ainsi de suite jusqu'à ce que quelqu'un se trompe dans l'énumération de la liste.
- Le groupe qui fait la plus longue liste gagne.
- Faites le même exercice en groupe-classe. Un premier apprenant commence avec la destination de son choix. Lorsqu'un apprenant se trompe, l'apprenant suivant commence une nouvelle liste.
- On peut fixer des objectifs tels que 10 objets sur la liste ou 15, etc.

Pour aller plus loin

Jeu : Je pars en Amérique

- Vous formez un cercle avec vos apprenants, vous êtes le meneur, vous commencez en disant :
Je pars en Amérique et j'emporte..., vous décrivez un vêtement ou un accessoire que porte votre voisin de gauche et qui pourrait convenir pour la destination.
- Le joueur assis à votre droite continue en répétant la phrase *Je pars en Amérique et j'emporte...,* lui aussi doit indiquer un vêtement ou un accessoire.
- N'hésitez pas à demander des précisions sur le vêtement ou l'accessoire (la couleur, etc.). Si le vêtement ou l'accessoire ne convient pas, vous dites que ce n'est pas possible qu'il le prenne.
- Si après plusieurs tours, aucun des joueurs n'a compris la logique du jeu, n'hésitez pas à donner le plus de détails possibles.
- Le jeu se termine quand un des joueurs gagne, c'est-à-dire quand il a terminé la description complète de son voisin. Il s'agit d'un jeu de logique qui permet également

de revoir le vocabulaire des vêtements, des couleurs et des caractéristiques des vêtements (à rayures, à carreaux, etc.)

Jeu Concours : Mon rêve d'évasion

- Demandez aux apprenants de réaliser, sur une feuille blanche A4, une Map Mind (carte mentale) de la destination de leur rêve. Vous leur demandez d'être créatifs.
- Leur Map Mind doit inclure la description du pays et les objets utiles à emporter. Cette partie peut être réalisée en classe ou à la maison.
- Puis, en classe, vous demandez à chaque apprenant de présenter, en s'appuyant sur sa Map Mind, la destination qu'ils ont choisie.
- Les autres apprenants forment le jury et une fois les présentations terminées, les 3 ou 5 destinations les plus convaincantes (les critères peuvent être l'originalité de la destination, l'exhaustivité des objets à emporter, la créativité de la carte mentale, etc.) sont affichées en classe.
- Par exemple : **Je rêve d'aller à New York.** Chaque item peut être illustré par un dessin ou une photo.

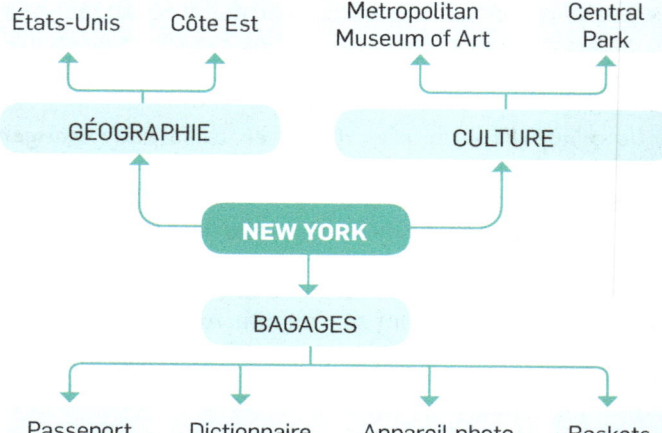

À chacun ses vacances

OBJECTIF DE LA LEÇON 2
Parler d'activités de vacances

OBJECTIFS SPÉCIFIQUES des activités de la double page

▸ lire et comprendre les informations d'une brochure touristique
▸ connaître différents types de séjours linguistiques
▸ utiliser les expressions de période de temps
▸ parler d'activités de vacances
▸ s'exprimer au passé
▸ revoir le passé composé avec l'auxiliaire **avoir**

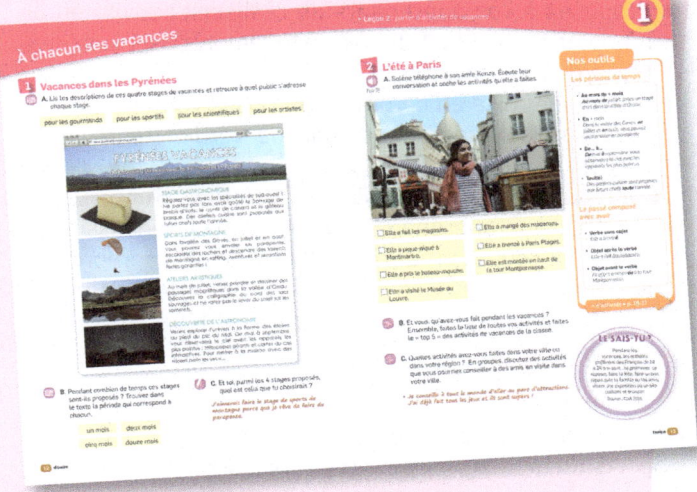

1. Vacances dans les Pyrénées

Objectifs de l'activité
Lire et comprendre une brochure touristique
Identifier différents stages touristiques

Mise en route : Demandez aux apprenants quelles activités ils aiment faire quand ils partent en vacances. Posez-leur des questions telles que : **Quand tu pars en vacances, tu goûtes la cuisine locale ? Tu pars en vacances pour faire du sport ? Tu voudrais partir en vacances pour apprendre une langue ? Tu aimerais partir en vacances pour apprendre quelque chose ?**
Ensuite, invitez les apprenants à observer les photos de l'activité 1. Demandez-leur d'observer les images et de les décrire.

C'est du fromage.
Il fait du sport : c'est un parachutiste.
C'est un paysage calme : un lac et une montagne.
C'est quelqu'un qui regarde les étoiles.

Déroulement
A.
- Lisez la consigne en classe.
- Demandez aux apprenants de repérer les Pyrénées sur une carte.
- Faites lire la bannière du site à un apprenant. Demandez-leur d'expliquer pourquoi « re » est entre parenthèses.

- Amenez-les à déduire qu'à la montagne, on peut faire d'autres activités que skier ou faire de la randonnée.
- Invitez les apprenants à lire le texte individuellement. Il s'agit d'une compréhension globale. Aidez vos apprenants à prendre conscience que l'on peut accéder au sens global d'un texte sans connaître la signification de certains mots.
- Posez-leur quelques questions pour vérifier ce qu'ils ont déjà compris : **Quelles sont les spécialités culinaires du Sud-Ouest ? Quelles activités sportives vous pouvez faire dans les Pyrénées ? Qu'est-ce que vous pouvez faire dans la vallée d'Ossau ? Que pouvez-vous explorer à la Ferme des étoiles ?**

Les spécialités culinaires du Sud-Ouest sont le fromage de brebis d'Iraty, le confit de canard et le gâteau basque.
Les activités sportives que je peux faire dans les Pyrénées sont le parapente, l'escalade, le rafting.
Dans la vallée d'Ossau, je peux peindre et dessiner des paysages magnifiques.
À la Ferme des étoiles, je peux observer le ciel.

- Invitez les apprenants à relire le texte une nouvelle fois et à faire des hypothèses sur les mots **stage**, **ateliers** et **découverte**.
- Faites une mise en commun des hypothèses de signification et proposez aux apprenants de vérifier leurs hypothèses dans le dictionnaire. Commentez ensemble le résultat, en les félicitant quand leurs hypothèses sont justes.

- Demandez aux apprenants de lire les étiquettes au-dessus du texte. Demandez-leur de définir chacune d'elles. Le mot **gourmand** peut poser problème. Indiquez aux apprenants si leurs hypothèses sont justes ou fausses.
- Proposez à vos apprenants de réaliser l'activité en binôme et, en s'aidant du contexte, de proposer une définition du mot **gourmand**.
- Faites une mise en commun, proposez vous-même une définition aux apprenants afin de vérifier leurs hypothèses.

  Gourmand, c'est une personne qui aime manger.

- Montrez aux apprenants qu'il n'est pas nécessaire de connaître tous les mots d'un texte afin d'en comprendre le sens global et d'en repérer les informations principales.

Corrigés

Stage gastronomique ; pour les gourmands
Sports de montagne : pour les sportifs
Ateliers artistiques : pour les artistes
Découverte de l'astronomie : pour les scientifiques

B.

- Invitez les apprenants à repérer les expressions de temps dans le texte. Faites une mise en commun.
- Lisez la consigne de l'activité et proposez aux élèves de la réaliser en binôme.
- Faites une mise en commun en groupe-classe.
- Invitez les apprenants à consulter la colonne *Nos outils* page 13 puis proposez-leur de réaliser l'activité du point 3 page 16.

Corrigés

Un mois : au mois de juillet
Cinq mois : de mai à septembre
Deux mois : en juillet et en août
Douze mois : toute l'année

C.

- Demandez à vos apprenants de rédiger un court texte pour présenter le stage qu'ils aimeraient faire. Dites-leur de réutiliser les structures vues auparavant pour exprimer le souhait. Conseillez-leur de faire des phrases courtes.
- Encouragez-les à justifier leur réponse et à dire les choses qu'ils aiment, mais aussi celles qu'ils n'aiment pas.
- Demandez ensuite aux apprenants de présenter leur choix à toute la classe à l'oral.
- Les présentations peuvent être postées sur le blog de la classe, s'il y en a un.

2. L'été à Paris

Objectifs de l'activité

Écouter et relever des informations précises d'une conversation téléphonique entre deux amies
Parler d'activités de vacances
Découvrir la ville de Paris

Mise en route : Écrivez **Paris** au tableau, demandez à vos apprenants ce qu'ils connaissent de Paris. Écrivez leurs réponses au tableau.

Déroulement

A. 🔊 Piste 02

- Dites à vos apprenants qu'ils vont écouter un dialogue et cocher les activités de manière individuelle.
- Faites une première écoute globale et demandez à vos apprenants : **Combien de personnes parlent ? De quoi parlent-elles ? Quand ?** (l'événement dont les personnes parlent a-t-il déjà eu lieu ?). Pour résumer, inscrivez au tableau : **Qui ? Quoi ? Quand ?**

  Solène appelle son amie Kenza pour lui raconter ses vacances à Paris.

- Invitez les apprenants à prendre connaissance des étiquettes de l'activité.
- Faites une deuxième écoute. Laissez 30 secondes aux apprenants une fois l'enregistrement terminé pour compléter leurs réponses.
- Invitez chacun à vérifier ses réponses en comparant leurs réponses avec leur voisin.
- Faites ensuite une mise en commun au tableau en écrivant les activités faites par Kenza.
- Proposez à vos apprenants d'analyser les phrases suivantes : **Les activités qu'elles a faites/Elle a fait les magasins/Elle a bronzé**. Invitez-les à observer les accords (Quand a-t-on fait l'accord ? Avec quel élément de la phrase le participe passé est-il accordé ?).
- Puis, par groupe de deux, demandez-leur d'en déduire la règle.
- Faites une mise en commun puis proposez aux apprenants de vérifier leurs hypothèses en consultant la colonne *Nos outils* de la page 13.

Voir Transcriptions page 120 du livre.

Corrigés

Elle a pique-niqué à Montmartre.
Elle a pris le bateau-mouche.
Elle a bronzé à Paris Plages.
Elle est montée en haut de la tour Montparnasse.

B.

- Demandez aux apprenants de dresser la liste des activités qu'ils ont faites pendant leurs dernières vacances. Ensuite, invitez-les à les présenter à l'oral. Écrivez-les au tableau.
- Ensemble, observez ensuite quelles activités sont les plus populaires. Proposez finalement aux apprenants de voter à main levée pour établir le « Top 5 » des activités les plus amusantes.

Pour aller plus loin

Le jeu des cartes-images

- À partir d'objets dans une valise, les apprenants doivent deviner une destination.
- Créez des cartes-images qui montrent une valise avec des objets indispensables pour se rendre dans un pays et des objets-souvenirs ramenés du pays.
- Les valises peuvent se ressembler pour compliquer un peu le jeu. Un exemple de valise serait : *Des shorts, des t-shirts, des lunettes de soleil, un maillot de bain, un porte-clés en forme de botte, du parmesan* (l'Italie).
- N'hésitez pas à vous appuyer sur les clichés qui existent dans les pays et partagés par les apprenants pour les aider à trouver la bonne réponse.
- Demandez aux apprenants de former des groupes de 3.
- Distribuez une valise à chaque groupe. Invitez-les à rédiger un court texte qui raconte le voyage du propriétaire de la valise.

- Indiquez aux apprenants qu'ils sont libres d'utiliser toute l'aide possible (dictionnaire, livre, etc.). Les apprenants doivent s'appuyer sur les objets contenus dans la valise.
- Ramassez les images des valises et laissez-les à la disposition des élèves.
- Chaque groupe présente son texte. Les autres doivent deviner quelle est la valise qui correspond au texte.

C.

- Faites des groupes de 4 apprenants. Demandez-leur de discuter sur les activités qu'ils ont faites dans leur ville ou dans leur région.
- Invitez-les à sélectionner quatre activités.
- Proposez-leur de créer un poster sur le modèle de « Pyrénées vacances », c'est-à-dire avec une photo et un court texte pour expliquer les activités à faire dans la ville ou la région et à quel moment de l'année on peut le faire.
- Invitez les groupes à présenter leur poster à l'oral.
- Vous pouvez afficher les posters dans la classe.

Pour aller plus loin

- Invitez vos apprenants à lire *Un été à Paris* de I. Darras (Maison des Langues) afin de découvrir la capitale de manière ludique.
- Les cartes postales sonores de RFI Découvrez Paris et ses lieux emblématiques grâce aux cartes postales sonores de RFI : ☞ http://www1.rfi.fr/lffr/articles/177/article_5919.asp

repérer — to locate

On s'est éclatés !

OBJECTIF DE LA LEÇON 3
Raconter un voyage ou des vacances

OBJECTIFS SPÉCIFIQUES des activités de la double page

▸ parler des objets-souvenirs de vacances
▸ parler de ses vacances ou d'un voyage
▸ connaître les différentes valeurs de **on**
▸ utiliser le passé composé avec l'auxiliaire **être**

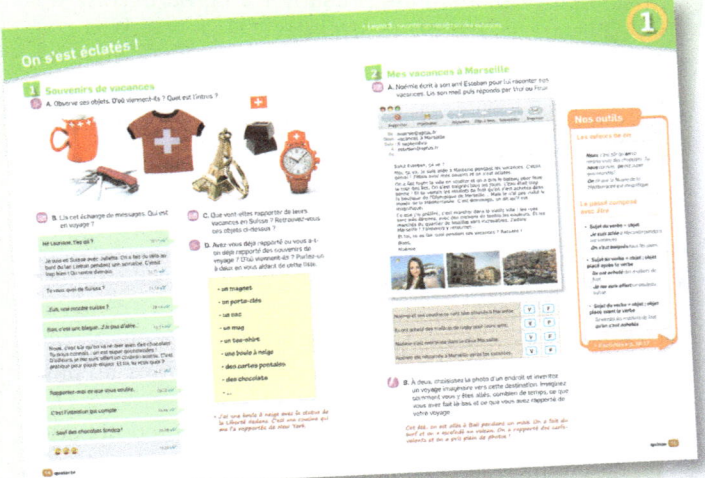

1. Souvenirs de vacances

Objectifs de l'activité
Découvrir un pays francophone : la Suisse
Parler des souvenirs de vacances

Mise en route : Demandez à vos apprenants si, lorsqu'ils partent en vacances, ils aiment rapporter un souvenir. Demandez-leur aussi s'ils ont des souvenirs qu'on leur a rapportés. Demandez-leur s'ils collectionnent les souvenirs ou les cartes postales.

Déroulement
A.

- En classe, invitez les apprenants à observer les objets de l'activité. Assurez-vous qu'ils connaissent le vocabulaire, demandez-leur de citer chaque objet par son nom en binôme. Dans le cas où ils ignorent le nom de l'objet, proposez-leur de vérifier dans le dictionnaire (une tasse, un couteau suisse, un t-shirt, un porte-clé, du chocolat, une montre).
- Faites une mise en commun au tableau.
- Proposez-leur de deviner d'où viennent les objets. S'ils ne trouvent pas, invitez-les à consulter Internet pour trouver le pays dont le drapeau est une croix blanche sur fond rouge.
- Finalement, demandez-leur de repérer l'intrus.

Corrigés

Il s'agit du porte-clés Tour Eiffel puisqu'il ne vient pas de Suisse.

B.

- Lisez la consigne et invitez vos apprenants à repérer la Suisse, et en particulier le lac Léman, sur une carte.
- Faites lire d'abord les messages individuellement. Il s'agit de guider les apprenants vers une compréhension globale du texte. Pour cela, demandez-leur de s'aider du contexte et de s'appuyer sur les mots qu'ils connaissent déjà pour comprendre le sens global.
- Posez-leur quelques questions pour vérifier ce qu'ils ont déjà compris. **Quelles activités les filles ont-elles faites ? Combien de temps sont-elles restées au lac Léman ? Quels cadeaux sont évoqués dans les messages ?**
  Les filles ont fait du vélo. Elles sont restées une semaine au lac Léman. Elles ont évoqué une montre et du chocolat.
- Invitez maintenant vos apprenants à relire le texte et à faire des hypothèses pour deviner le sens des mots qui leur sont inconnus.
- Commentez ensemble le résultat, en les félicitant quand leurs hypothèses sont justes.
- Enfin, proposez aux apprenants de répondre à la question et faites une mise en commun.

Corrigés

Il s'agit de Laurianne et Juliette.

C.

- Invitez vos apprenants à réaliser une lecture-repérage pour rechercher les informations précises dont ils ont besoin, à savoir les cadeaux rapportés.

- Pour cela, indiquez à vos apprenants qu'il s'agit de survoler le texte des yeux du haut vers le bas. Puis la localisation des informations recherchées sera vérifiée par une lecture rapide de droite à gauche.
- Faites une mise en commun au tableau. Assurez-vous que les apprenants aient bien compris le vocabulaire en leur demandant de montrer l'image qui correspond dans l'activité A.

Corrigés

Des chocolats et un couteau suisse.

D.

- Faites un brainstorming avec vos apprenants. Demandez-leur de dire chacun leur tour, rapidement, ce qu'ils aiment qu'on leur rapporte de vacances ou ce qu'ils aiment rapporter eux-mêmes de vacances.
- Demandez-leur s'ils collectionnent les souvenirs. Proposez-leur d'utiliser le vocabulaire vu jusqu'à maintenant et de consulter le cadre sous l'énoncé de l'activité. S'ils ne connaissent pas un mot, invitez-les à le chercher dans le dictionnaire.

  Moi, j'aime qu'on me rapporte des magnets. Moi, je rapporte toujours une tasse avec le drapeau du pays.
- Une fois que tous les apprenants ont énuméré un souvenir de vacances, formez des binômes et proposez aux apprenants de développer le sujet en parlant de leurs souvenirs comme dans l'exemple. Invitez-les à décrire l'objet, à indiquer d'où il vient, si c'est un objet offert ou qu'ils ont acheté, etc.

Variante

- Lors du cours précédent, demandez à vos apprenants d'apporter un souvenir de vacances et de chercher ce que c'est en français.
- Pendant le cours, formez des groupes de 2 ou 3 personnes et invitez-les à se poser des questions mutuellement sur le souvenir apporté : **Qu'est-ce que c'est ? À quoi ça sert ? Qui t'a offert cet objet ? D'où il vient ? Pourquoi tu l'aimes bien ?**

Pour aller plus loin

- Consultez cette fiche de Vizavi sur les cadeaux-souvenirs. ☞ http://www.vizavi-edu.ro/uploads/fiches/po_a2_cadeau.pdf
- Adaptez-la à votre public : le correspondant français est en vacances dans le pays de l'apprenant et le cadeau est un objet typique du pays de l'apprenant.

2. Mes vacances à Marseille

Objectifs de l'activité
Découvrir une ville française : Marseille
Raconter ses vacances

Mise en route : Demandez aux apprenants de situer Marseille sur une carte. À partir de la situation géographique de la ville, demandez aux apprenants d'imager les activités que l'on peut faire à Marseille.

Déroulement
A.
- Utilisez le paratexte pour stimuler la curiosité de vos apprenants. Demandez-leur d'indiquer de quel type de texte il s'agit, qui écrit à qui, quel est l'objet du mail et à partir des photos jointes, demandez-leur d'émettre quelques hypothèses sur les vacances de Noémie.
- Faites lire d'abord le texte individuellement. Il s'agit avant tout de guider les apprenants vers une compréhension globale du texte. Posez-leur des questions pour vérifier ce qu'ils ont déjà compris : **Où Noémie est-elle allée en vacances ? Est-ce que Noémie s'est baignée ? Est-ce qu'elle s'est baladée dans la ville ?**
  Noémie est allée en vacances à Marseille. Elle s'est baignée. Elle s'est baladée dans la vieille ville.
- Invitez maintenant vos apprenants à prendre connaissance des questions de l'exercice puis proposez-leur de lire une nouvelle fois le mail pour répondre aux questions.
- Il s'agit d'aller à l'essentiel et de trouver les mots-clés significatifs pour répondre à une question. N'hésitez pas à conseiller à vos apprenants de souligner ces mots-clés. Faites-leur lire plus attentivement le paragraphe correspondant, de manière à ce que l'apprenant repère rapidement le passage, la phrase qui lui indiquera si l'affirmation de l'exercice est vraie ou fausse.
- Proposez aux apprenants de comparer leurs réponses.
- Faites une mise en commun.

Corrigés

1. Vrai
2. Faux. « les maillots de foot qu'on s'est achetés »
3. Vrai
4. Faux. « J'aimerais y retourner »

- Invitez vos apprenants, en binôme, à relire le deuxième paragraphe (« On a fait toute la ville... il est magnifique ») et à repérer les phrases dans lesquelles on observe le pronom personnel **on**.

- Demandez-leur d'émettre des hypothèses sur le référent du **on**.

  Tous les « on » = Noémie et ses cousins = nous
  On dit = les gens (impersonnel)
- Faites une mise en commun puis invitez vos apprenants à prendre connaissance de la colonne *Nos outils* sur les valeurs de **on** puis rendez-vous page 17 pour réaliser les activités du point 5.
- Demandez à vos apprenants d'observer les phrases suivantes « On s'est baignés tous les jours » et « Les maillots de foot qu'on s'est achetés ». Par deux, invitez-les à émettre des hypothèses sur l'accord du participe passé avec l'auxiliaire **être**. Demandez-leur de consulter la colonne *Nos outils* page 15 pour vérifier leurs hypothèses.
- Faites une mise en commun. Rendez-vous page 17 pour réaliser l'activité du point 4.

B.

- Imprimez des photos de différentes villes du monde. Vous pouvez vous rendre sur le site pixabay.com/fr/ section « lieux, monuments ». Sélectionnez au moins une image par élève pour qu'ils puissent choisir un lieu qu'ils aiment.

- Proposez à vos apprenants de former des binômes et de choisir, d'un commun accord, une image.

Variante

- Si vos apprenants ont accès à un ordinateur/tablette ou si votre établissement dispose d'une salle informatique à laquelle vous et vos apprenants pouvez avoir accès, invitez-les à choisir eux-mêmes, en binôme, un endroit du monde puis imprimez l'image.
- Une fois que les apprenants ont sélectionné un endroit du monde, invitez-les à un brainstorming sur le mode de transport pour y aller, le temps du séjour, les activités réalisées et les souvenirs rapportés.
- Lorsque les apprenants ont ces idées, proposez-leur de rédiger le voyage imaginaire.
- Suggérez-leur d'accompagner le récit avec la photo choisie.
- Vous pouvez ensuite exposer les récits de vos apprenants sous le titre « Mes vacances idéales ».

Nos outils

RÉCAPITULATIF DES POINTS GRAMMAIRE

▶ l'expression des souhaits
▶ les prépositions de lieu
▶ les périodes de temps
▶ le passé composé
▶ les valeurs de **on**

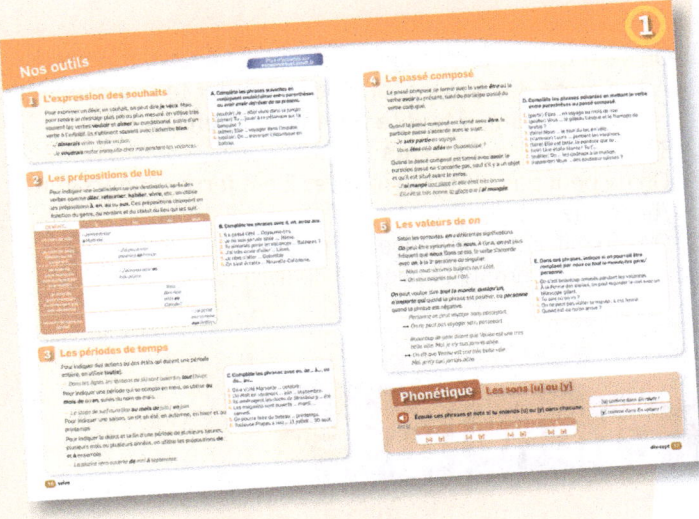

1. L'expression des souhaits

A.

1. **Je voudrais/j'ai envie d'/je rêve d'**aller vivre dans la jungle.
2. **Tu aimerais/tu as envie de/tu rêves de** jouer à la pétanque sur la banquise.
3. **Elle aimerait/elle a envie de/elle rêve de** voyager dans l'espace.
4. **On voudrait/on a envie de/on rêve de** traverser l'Atlantique en bateau.

Voir Précis grammatical page 103 du livre.

2. Les prépositions de lieu

B.

1. Il a passé l'été **au** Royaume-Uni.
2. Je ne suis jamais allée **à** Rome.
3. Tu aimerais partir en vacances **aux** Baléares ?
4. J'ai très envie d'aller **au** Liban.
5. Je rêve d'aller **en** Colombie.
6. On s'est éclatés **en** Nouvelle-Calédonie.

Voir Précis grammatical page 113 du livre.

3. Les périodes de temps

C.

1. On a visité Marseille **en** octobre.
2. On était en vacances **de** juin **à** septembre.
3. Ils aménagent les docks de Strasbourg **en** été.
4. Les magasins sont ouverts **du** mardi **au** samedi.
5. On pourra faire du bateau **au** printemps.
6. Toulouse Plages a lieu **du** 11 juillet **au** 30 août.

Voir Précis grammatical page 106 du livre.

4. Le passé composé

D.

1. Elles **sont parties** en voyage au mois de mai.
2. Vous **avez goûté** le gâteau basque et le fromage de brebis.
3. Nous **avons fait** le tour du lac en vélo.
4. Laure **s'est amusée** pendant les vacances.
5. Elle est belle la peinture que tu **as faite**.
6. Une étoile filante ! Tu l'**as vue**.
7. On **a oublié** les cadeaux à la maison.
8. Vous **avez rapporté** des couteaux suisses ?

Voir Précis grammatical page 102 du livre.

5. Les valeurs de *on*

E.

1. On s'est beaucoup amusé pendant les vacances. = **nous**

2. À la Ferme des Étoiles, on peut regarder le ciel avec un télescope géant. = **tout le monde/les gens**

3. Tu sais où on va ? = **nous**

4. On ne peut pas visiter le musée : il est fermé. = **personne /les gens**

5. Quand est-ce qu'on arrive ? = **nous**

Voir Précis grammatical page 99 du livre.

Phonétique

La liaison

Objectif

Discriminer les sons [u] et [y].

Mise en route : Expliquez aux apprenants qu'ils vont travailler sur les sons [u] et [y]. Demandez-leur de trouver des mots dans lesquels on trouve un de ces phonèmes. Invitez-les à observer que la graphie la plus courante du son [u] est « ou » et que celle du son [y] est « u ».

Déroulement

A. 🔊 Piste 03

- Demandez aux apprenants de prononcer le son [u]. D'abord, seul, puis dans un mot tel que *bout*, *roue*, *mou*, *vous*, *pou*, *gnou* et enfin, dans une phrase comme « *Vous avez des cousins ?* ».
- Demandez maintenant aux apprenants de prononcer le son [y]. Il est conseillé de commencer par prononcer d'abord le son [i] et passer progressivement au [y].
- Une fois que les apprenants comprennent le mécanisme de prononciation du [y], invitez-les à prononcer des mots isolés tels que *tu*, *su*, *du* et enfin dans une phrase comme « *Tu es sûr d'avoir perdu ton pull ?* ».
- Pour les personnes qui n'entendent pas la différence, il faut augmenter l'acuité, c'est-à-dire, prononcer le son [y] de manière aiguë (on monte la voix, comme dans une question) et le son [u] de manière grave (on descend la voix, comme lorsqu'on termine une phrase).
- Passez maintenant à la réalisation de l'exercice.
- Proposez aux apprenants de prendre connaissance de l'activité de phonétique page 17.

- Effectuez une seconde écoute pendant laquelle les apprenants cochent la grille.
- Proposez aux apprenants de comparer leurs réponses.
- Faites une dernière écoute pour vérifier les réponses.
- Faites une mise en commun au tableau.

Voir Transcriptions page 120 du livre.

Corrigés

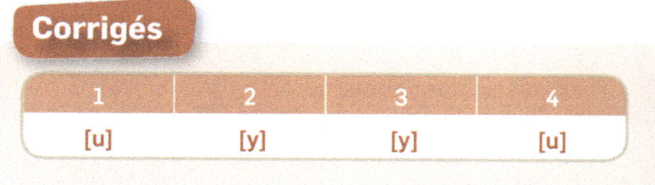

1	2	3	4
[u]	[y]	[y]	[u]

Pour aller plus loin

Rendez-vous sur le site Phonétique.free pour réaliser des exercices de discrimination sur ces deux phonèmes : ☞ http://phonetique.free.fr/indexphonvoy.htm

Pour en savoir plus

- Le son [u] se prononce la langue en arrière de la bouche, les lèvres arrondies, la bouche peu ouverte.
- Le son [y] se prononce la langue en avant de la bouche, les lèvres arrondies, la bouche peu ouverte.
- Le son [y] se prononce comme le son [i] mais les lèvres, au lieu d'être étirées, sont arrondies. Si les apprenants ont des difficultés à prononcer le phonème [y], conseillez-leur de prononcer d'abord un [i] en étirant de manière exagérée les lèvres (dites-leur de faire comme s'ils étaient en train de sourire très largement) puis d'arrondir les lèvres comme pour faire un bisou. Montrez-leur comment faire. N'hésitez pas à exagérer vos gestes.

Pour aller plus loin

- Divisez la classe en deux (équipe A et équipe B). Prévoyez un petit papier par apprenant. Demandez à un groupe d'écrire chacun un mot avec le son [u] et à l'autre équipe un mot avec le son [y].
- Mélangez les papiers dans une petite boite. Demandez à un joueur de l'équipe A de piocher un papier et de le lire. S'il lit correctement, son équipe remporte un point. Demandez à un joueur de l'équipe B d'écrire le mot au tableau (ses co-équipiers peuvent l'aider en cas de doutes). Si le mot est correctement écrit, l'équipe marque un point.
- Ensuite, proposez à un joueur de l'équipe B de piocher un papier et à un joueur de l'équipe A de l'écrire.
- À la fin, l'équipe qui remporte le plus de points gagne.

Sur les pavés, la plage
La plage en ville

OBJECTIF
Parler d'un événement estival caractéristique de certaines villes françaises

Présentation des documents :
▸ 4 photos de quatre villes françaises qui transforment leurs fleuves ou canaux en plage : Saint-Quentin, Paris, Toulouse, Strasbourg

Sur les pavés, la plage
La plage en ville

Mise en route : Demandez à vos apprenants de situer Saint-Quentin, Paris, Toulouse et Strasbourg sur une carte de France (exemple de carte : http://a407.idata.over-blog.com/4/02/20/79/carte-france/Carte-correction.jpg). Écrivez la liste d'activités estivales au tableau puis demandez-leur de sélectionner celles qu'on peut faire, à leur avis, dans ces villes.

Faire une promenade, visiter des monuments, bronzer, aller à la plage.

Puisque ces 4 villes sont à l'intérieur des terres, il n'est pas évident que vos apprenants sachent qu'on peut aller à la plage.

Invitez vos apprenants à ouvrir le livre pages 18-19 et à lire le titre de la double page afin de vérifier leurs hypothèses sur les activités que l'on peut faire à Saint-Quentin, Toulouse, Strasbourg et Paris. Éveillez leur curiosité sur le fait que ces villes disposent d'une plage.

Déroulement
- Lisez avec les apprenants le texte introducteur et aidez-les à comprendre le sens des mots inconnus. Vérifiez qu'ils ont bien compris le sens du texte introducteur en leur posant quelques questions : **Pourquoi ces villes se transforment-elles en plage ? Pour qui ces villes se transforment-elles en plage ? Est-ce qu'on peut se baigner dans toutes les villes citées ?**
- Invitez vos apprenants à lire le premier encadré puis demandez-leur. **En quelle année Saint-Quentin a-t-elle commencé à installer une plage dans le centre-ville ? Quels sont les objets caractéristiques de la plage qui sont installés ?**
- Lisez le deuxième encadré. Posez-leur une nouvelle fois des questions pour vous assurer de leur compréhension du texte : **Quand Paris a-t-elle commencé à installer une plage dans sa ville ? Où la plage parisienne se situe-t-elle ?**
- Lisez maintenant le troisième encadré puis demandez-leur : **Depuis quand Toulouse-plages existe ? Quel est l'autre nom de Toulouse ? Où est installée la plage dans cette ville ? Quel type d'activités est le plus pratiqué ?**
- Finalement, lisez le dernier encadré et posez à vos apprenants les questions suivantes : **Où se situe la plage à Strasbourg ? Depuis quand est-elle installée ? Quelles activités peut-on faire ?**
- Proposez à vos apprenants de lire les questions de l'encadré « Repérage ». Proposez-leur d'y répondre individuellement. Dites-leur de vérifier leurs réponses en les comparant avec un camarade.
- Faites une mise en commun au tableau.
- Demandez à vos apprenants si ce concept existe dans leur pays.

Corrigés

a. La ville de Saint-Quentin.
b. Dans la ville de Toulouse.
c. On ne peut pas se baigner dans la Seine parce qu'elle est polluée.
d. C'est la plage de Strasbourg.

- Demandez-leur s'ils savent si, dans leur ville ou leur région, sont organisés des événements pendant les vacances.
- Invitez-les à faire des recherches sur Internet en binôme. Proposez-leur de créer une affiche sur un événement organisé dans leur ville pendant les vacances avec des photos.
- Demandez à vos apprenants de présenter leur affiche en classe.
- Si votre classe est multiculturelle, invitez vos apprenants à réaliser le travail individuellement.

Faire un reportage sur un lieu qu'on aime

OBJECTIFS

▸ Décrire un lieu, exposer les activités que l'on peut dans un lieu concret

▸ Travailler en groupe sur la tâche finale : savoir écouter les autres, négocier, interagir, argumenter pour défendre son opinion, ses préférences

▸ Réaliser une interview

▸ Trier, organiser et présenter des informations

Matériel

▸ Un bloc-note, un stylo.

▸ Selon le choix des apprenants : une affiche, des feutres, des crayons/un appareil photo/une caméra vidéo/un dictaphone. (Ces dernières fonctions peuvent être remplies par le téléphone portable des apprenants.)

Déroulement par phases

Avant de commencer la phase 1, lisez les consignes en classe avec les apprenants et assurez-vous de leur compréhension. Dites-leur qu'ils vont devoir travailler en groupe et demandez-leur de choisir un secrétaire qui contrôlera le respect des consignes et le bon déroulement de la tâche. Demandez-leur également de désigner un technicien qui se chargera du matériel et d'un coordinateur qui prendra en charge les délais. Si vous le jugez nécessaire, faites avec vos apprenants un récapitulatif rapide des ressources qu'ils devront mobiliser dans cette activité. Vous pouvez aussi leur signaler où se trouvent, dans le livre, le lexique et la grammaire dont ils auront besoin. Expliquez aux apprenants qu'ils devront parler le plus possible en français pour se mettre d'accord entre eux.

PHASE 1   Le profil du groupe

● Formez des groupes de 3 à 5 apprenants et demandez-leur de réfléchir à un lieu qu'ils aiment, qu'il serait intéressant de faire connaître.

● Si vous pouvez organiser une sortie scolaire pour cette activité, faites réfléchir les apprenants sur le choix du lieu en groupe-classe. Dans le cas où vous ne pourriez pas organiser de sortie scolaire, laissez chaque groupe choisir un lieu différent.

● Demandez aux apprenants de choisir la manière dont ils vont faire le reportage. Rappelez-leur qu'ils peuvent utiliser leur téléphone portable si celui-ci a une fonction appareil photo/caméra/dictaphone. S'ils choisissent d'utiliser ce type d'appareil, conseillez-leur d'avoir au moins deux appareils par groupe en cas de problème (panne, batterie, mauvaise qualité, etc.)

● En fonction des choix, demandez au technicien de chaque groupe de noter qui préparera le matériel, qui l'apportera, etc.

PHASE 2   Le reportage

● En fonction du lieu choisi, demandez aux apprenants de dresser une liste de questions à poser aux personnes à qui ils feront l'interview. Invitez-les à réfléchir qui sera le plus à l'aise pour répondre : Les passants ? Le maire ? Le gérant du café qui se trouve dans le lieu choisi ? Le gardien du parc ? etc.

● Si vous réalisez le reportage lors de la sortie en classe, convenez avec les apprenants (si c'est possible) du moment le plus adéquat pour y aller. Dans le cas contraire, invitez-les à parler de leurs disponibilités et de se mettre d'accord sur le meilleur moment de la journée pour réaliser le reportage.

Notre projet final

- Faites en sorte qu'ils conviennent d'un jour et d'une heure de rendez-vous.
- Si les apprenants doivent faire le reportage en langue maternelle, invitez-les à travailler les informations en français, individuellement. Conseillez-leur de traduire ce qui a été dit ou de faire une synthèse des réponses en français.

PHASE 3 La présentation

- Invitez les apprenants à trier et organiser les informations recueillies. Selon la manière choisie pour faire le reportage, proposez-leur plusieurs supports.
- S'il s'agit d'une vidéo, proposez-leur d'enregistrer une voix off pour donner plus d'indications sur le reportage avec l'aide du logiciel Movavi Video Editor : ☛http://www.movavi.com/fr/videoeditor/how-it-works.html.
- S'il s'agit d'un fichier audio, proposez aux apprenants de le travailler avec Audacity : ☛ http://audacity.fr/
- S'il s'agit de textes et de photos, invitez-les à créer une brochure avec Microsoft Word (tutoriel : ☛ http://fr.wikihow.com/cr%C3%A9er-des-brochures-avec-Microsoft-Word.

- Vous pouvez aussi leur proposer de créer une présentation dynamique avec Prezi : ☛ https://prezi.com/.
- Maintenant, chaque groupe va présenter son reportage.
- Vous pouvez former un jury avec les apprenants. Pour cela, apportez des papiers en classe et une urne. Prévoyez une grille d'évaluation avec comme critères : soin et présentation, créativité, originalité, intérêt et une notation de 1 à 4 (1 étant le minimum).
- Prévoyez un diplôme ou une récompense pour les gagnants.
- Enfin, postez les reportages sur le blog de la classe s'il y en a un.

ET MAINTENANT...

- Formez des groupes de 3 ou 4 apprenants et demandez-leur de réfléchir à leur lieu préféré.
- Mettez en commun les propositions des groupes et procédez au vote du lieu préféré de la classe.
- Si vous ne pouvez pas sortir de l'établissement, choisissez le lieu préféré du collège ou de votre institution.

UNITÉ 1

L'ÎLE DÉSERTE

Matériel
- *pas de matériel*

Outils linguistiques
- *les vêtements*
- *les accessoires*
- *les couleurs*
- *la question avec « Est-ce que... »*
- *la question avec « Qu'est-ce que... »*

Matériel : pas de matériel
Nombre de joueurs : 4 ou plus
Temps : 15 minutes

Objectif général
Réviser de manière ludique les acquis de l'unité 1

Objectifs spécifiques
Argumenter, défendre sa position

Déroulement
1. Formez des petits groupes pour avoir un maximum d'équipes (maximum 5). Désignez un secrétaire pour écrire la liste des objets et un responsable du dictionnaire pour chercher les mots nécessaires.
Expliquez à vos apprenants qu'ils vont devoir faire preuve de créativité et de persuasion pendant ce jeu.

2. et 3. Demandez à chaque groupe de se mettre d'accord sur une liste de six objets à emporter sur une île déserte. Dites-leur qu'ils peuvent utiliser un dictionnaire s'ils en ont besoin.

4. Invitez chaque groupe à présenter sa liste. N'hésitez pas à écrire au tableau la liste de chacun des groupes. Une fois tous les objets présentés, demandez aux apprenants de créer une seule liste pour la classe à partir des objets de toutes les équipes.
Laissez la classe discuter et défendre ses objets librement. Les apprenants devront utiliser les structures de l'utilité : *c'est utile..., ça sert à... .*

Variante
- Pendant la présentation de la liste, laissez la classe interrompre le groupe de manière à ce que l'équipe qui présente doive défendre les objets choisis. Si l'équipe convainc la classe, écrivez l'objet au tableau.
- À la fin, vous aurez la liste des objets indispensables pour la classe. Si la liste contient plus de six objets, laissez la classe discuter jusqu'à réussir à sélectionner six objets.
- Vous pouvez aussi modifier le thème du jeu et proposer des objets à emporter lors d'un voyage autour du monde, sur la banquise, dans l'espace ou sur la lune.

Variante
En cas de classe nombreuse
- Laissez chaque groupe présenter et défendre sa liste. Pendant ce temps, laissez les autres équipes prendre des notes sur les listes d'objets et les justifications.
- Lorsque toutes les équipes ont présenté leur liste, laissez chacune d'entre elles discuter pour réviser la liste.
- Laissez les équipes choisir un porte-parole. Ce dernier défend la nouvelle liste d'objets à emporter.
- Si un objet remporte la majorité, inscrivez-le au tableau, sinon, laissez les équipes débattre entre elles et changer de porte-parole à chaque fois pour donner la parole à tout le monde.

Test

Teste tes connaissances !

Lis les phrases et choisis la bonne réponse. Puis compare avec un camarade.

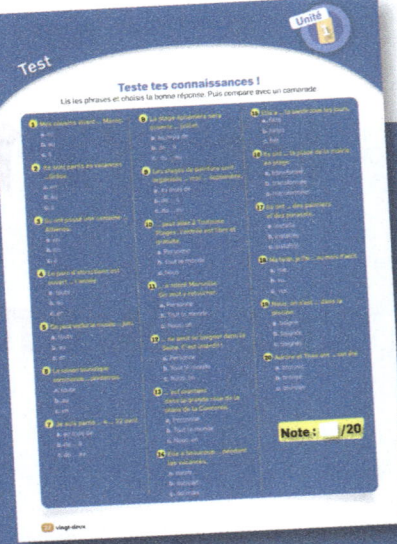

1 Mes cousins vivent ... Maroc.
- a. en
- b. au
- c. à

2 Ils sont partis en vacances ...Grèce.
- a. en
- b. au
- c. à

3 Ils ont passé une semaine ... Athènes.
- a. en
- b. au
- c. à

4 Le parc d'attractions est ouvert ... l'année.
- a. toute
- b. au
- c. en

5 On peut visiter le musée ... juin.
- a. toute
- b. au
- c. en

6 La saison touristique commence ... printemps.
- a. toute
- b. au
- c. en

7 Je suis partie ... 4 ... 22 avril.
- a. au mois de
- b. de ... à
- c. du ... au

8 La plage éphémère sera ouverte ... juillet.
- a. au mois de
- b. de ... à
- c. du ... au

9 Les stages de peinture sont organisés ... mai ... septembre.
- a. au mois de
- b. de ... à
- c. du ... au

10 ... peut aller à Toulouse Plages : l'entrée est libre et gratuite.
- a. Personne
- b. Tout le monde
- c. Nous

11 ... a adoré Marseille. On veut y retourner.
- a. Personne
- b. Tout le monde
- c. Nous, on

12 ... ne peut se baigner dans la Seine. C'est interdit !
- a. Personne
- b. Tout le monde
- c. Nous, on

13 ... est montées dans la grande roue de la place de la Concorde.
- a. Personne
- b. Tout le monde
- c. Nous, on

14 Elle a beaucoup ... pendant les vacances.
- a. dormi
- b. dormait
- c. dormais

15 Elle a ... la sieste tous les jours.
- a. faite
- b. faites
- c. fait

16 Ils ont ... la place de la mairie en plage.
- a. transformé
- b. transformée
- c. transformées

17 Ils ont ... des palmiers et des parasols.
- a. installé
- b. installée
- c. installés

18 Ma tante, je l'ai ... au mois d'août.
- a. vue
- b. vu
- c. vus

19 Nous, on s'est ... dans la piscine.
- a. baigné
- b. baignée
- c. baignés

20 Aurore et Théo ont ... cet été.
- a. bronzés
- b. bronzé
- c. bronzée

Note : ____ /20

Objectifs de l'unité

Dans cette unité, les élèves vont apprendre à parler du caractère de quelqu'un, décrire des relations, des liens entre les personnes, exprimer des sentiments et donner des conseils et des suggestions. Pour cela, ils abordent la place des adjectifs, les adverbes d'intensité. Ils devront également utiliser le conditionnel et apprendre à conjuguer les verbes réciproques et réfléchis au passé composé. Ils verront également les expressions pour se situer dans le temps et les pronoms relatifs **qui**, **que**, **où**.

Ils découvriront des séries et des films français, notamment *Nos chers voisins* et *Les petits Mouchoirs*.

La tâche finale consiste en la réalisation et la présentation, en groupe, d'un personnage de série ou de film.

MISE EN ROUTE

Pour aborder l'unité, demandez-leur ce qu'évoque le mot **réseaux** pour eux. Dirigez-les vers les réseaux sociaux, les réseaux avec leurs amis, leur famille. Demandez-leur s'ils entretiennent les mêmes relations avec tous les membres de leur réseau.

Contenus

Communicatif	Grammaire	Lexique	Phonétique
▸ parler du caractère de quelqu'un ▸ décrire des relations, des liens entre les personnes ▸ exprimer des sentiments ▸ donner des conseils et faire des suggestions	▸ la place des adjectifs ▸ les adverbes d'intensité ▸ le conditionnel ▸ les verbes pronominaux ▸ les pronoms relatifs : **qui**, **que**, **où** ▸ la durée : **il y a**, **depuis**, **ça fait**	▸ les traits de caractère ▸ les relations entre le voisinage ▸ les liens familiaux et amicaux ▸ les genres des films et séries télévisées	▸ les semi-voyelles [j], [w], [ɥ]

Notre projet final

Présenter le réseau d'un personnage de série ou de film

Des séries pour tous les goûts : des séries qui voyagent

Voisins, voisines

OBJECTIF DE LA LEÇON 1
Parler du caractère de quelqu'un

OBJECTIFS SPÉCIFIQUES des activités de la double page

- connaître une série à succès française : *Nos chers voisins*
- présenter une série
- parler du caractère de quelqu'un en utilisant des adjectifs
- savoir placer des adjectifs dans une phrase
- familiariser les apprenants avec les adverbes d'intensité
- parler des problèmes de voisinage

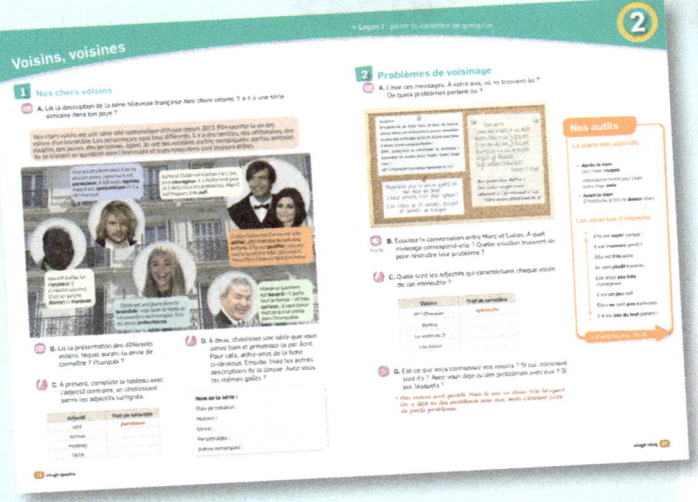

1. Nos chers voisins

Objectifs de l'activité
Lire et comprendre la description de personnages d'une série
Présenter le personnage d'une série

Mise en route : Demandez à vos apprenants d'observer le titre de l'activité ainsi que l'image qui l'accompagne. Invitez-les à approfondir leur observation en prenant en compte l'arrière-plan : l'immeuble. Proposez-leur de trouver quel est le sujet de la série. Demandez-leur aussi d'émettre des hypothèses sur la signification de **chers**. Invitez-les à vérifier leurs hypothèses dans un dictionnaire.

Déroulement
A.
- Demandez aux apprenants de lire l'encadré individuellement. Puis posez-leur les questions suivantes pour vérifier leur compréhension. **Quel est le genre de la série ? Quelle est l'année de diffusion de la série ? Quelle est la caractéristique des personnages ? Quelle est la nature de leur relation ?**
  C'est une série humoristique diffusée depuis 2012. Les personnages sont voisins. Ils ont des relations parfois compliquées, parfois amicales.
- Demandez maintenant aux apprenants s'il existe une série similaire dans leur pays.
- Si la classe est culturellement homogène, et la réponse à la question affirmative, demandez à un apprenant de présenter rapidement la série. Laissez ses camarades l'aider en cas de lacunes linguistiques. N'hésitez pas à poser des questions aux apprenants pour les aider

à réussir la présentation. **La série est humoristique ? Elle se passe dans un immeuble ? Comment sont les personnages ? Il y a des familles ? Des étudiants ? Des célibataires ? Des personnes âgées ? De quand date la série ?** etc.
- Si la classe n'est pas culturellement homogène, posez la même question à vos apprenants **Il y a une série similaire dans ton pays ?** Lorsque la réponse est affirmative, demandez aux apprenants de présenter brièvement la série en leur demandant si la série se passe dans un immeuble, si les personnages sont aussi différents que dans la série française et le titre en version originale.

Pour en savoir plus
Nos chers voisins est une série humoristique française diffusée depuis 2012 sur TF1. C'est une série courte (de 2 à 7 minutes) qui raconte la vie des voisins de l'immeuble de 4 étages, situé au 28, rue de la Source. Parmi les voisins, il y a des ados en pleine crise, la blonde branchée, les étudiants paresseux, le retraité célibataire, le père de famille très conservateur, etc.

B.
- Proposez aux apprenants de prendre connaissance des descriptions de chaque personnage. Afin de mieux comprendre les nuances d'intensité pour chaque trait de caractère, conseillez à vos élèves de consulter la colonne *Nos outils* sur les adverbes d'intensité à la page 25.

- Listez les quatorze adjectifs de caractère. Selon le nombre d'élèves dans votre classe, faites des groupes de 2 ou 3 élèves afin de chercher la définition d'un mot dans un dictionnaire unilingue. Vous pouvez leur demander de chercher la définition dans un dictionnaire papier ou un dictionnaire numérique tel que ☞ http://www.larousse.fr/dictionnaires/francais/
- Demandez à chaque groupe de présenter la définition du mot à leurs camarades. Indiquez à ces derniers qu'ils doivent noter la définition proposée.
- Maintenant que la description des voisins est comprise par les apprenants, demandez-leur de discuter par deux, lequel ils auraient envie de connaître.

  J'aimerais connaître Chloé parce qu'elle aime la mode et moi aussi j'adore la mode.
- Faites une mise en commun au tableau. Établissez au tableau quel personnage est le plus populaire et les raisons évoquées. Faites-en de même avec le personnage le moins populaire.

C.

- Invitez les apprenants à lire la consigne de l'activité C. Afin de vous assurer qu'ils comprennent les mots de l'activité, écrivez-les en contexte au tableau, par exemple :
    - **Lucas aime découvrir de nouvelles choses, il est très curieux.**
    - **Paula donne peu d'importance à son excellente note du dernier devoir de maths, elle est modeste.**
    - **Julien recule devant les problèmes, il est lâche.**
- Maintenant, invitez vos apprenants à compléter le tableau. Proposez à vos apprenants de vérifier leurs réponses en les comparant avec celles de leur voisin.
- Faites une mise en commun, ensemble, au tableau.

Corrigés

curieux ≠ **discret** ; modeste ≠ **prétentieuse** ; lâche ≠ **courageux**.

D.

- Invitez les apprenants à se mettre en binôme et à choisir une série qu'ils aiment. Cette série peut être de leur pays ou d'un autre.
- Dressez une liste avec les apprenants des séries choisies afin que la série de chaque groupe soit originale.
- Proposez aux apprenants de se rendre en salle informatique pour trouver les informations de la fiche. S'il n'est pas possible pour les apprenants d'accéder à une salle informatique pendant les heures de classe, invitez-les à chercher les informations de la fiche à la maison.

- Une fois la fiche remplie, proposez aux apprenants de rédiger la description de la série en s'appuyant sur le modèle proposé pour *Nos chers voisins*.

  X est une série [genre] diffusée depuis [date].
  Elle raconte ....
  Les personnages sont ...
  Il y a ..., ..., ...

  Les élèves peuvent rédiger la présentation sur une affiche et ajouter une photo.
- Il est possible aussi de créer une Map Mind (carte mentale) sur la série. Les élèves peuvent ajouter des photos pour illustrer chaque item. Que le support choisi soit l'affiche ou la Map Mind, invitez maintenant vos élèves à présenter oralement au reste de la classe la série choisie.
- Les apprenants peuvent former un jury et voter pour la présentation qu'ils ont le plus aimée. Vous pouvez établir les critères suivants pour le vote : l'originalité de la présentation, la créativité du support, la clarté du discours, etc. Prévoyez alors des petits papiers pour chacun et une urne (un chapeau ou une boite vide peuvent faire l'affaire).
- Vous pouvez afficher la (ou les trois premières) présentation(s) gagnante(s) en classe.
- Postez toutes les présentations sur le blog de la classe, s'il y en a un.

Pour aller plus loin

- Regardez, avec vos apprenants, un épisode de *Nos chers voisins* sur le site de TF1. ☞ http://www.tf1.fr/tf1/nos-chers-voisins
- N'hésitez pas à préparer une fiche de lexique (lexique familier) pour faciliter la compréhension des apprenants.

2. Problèmes de voisinage

Objectifs de l'activité
Lire et comprendre des messages entre voisins
Parler de ses voisins

Mise en route : Demandez à vos apprenants de discuter entre eux et de dire s'ils s'entendent bien avec leurs voisins. Demandez-leur d'expliquer brièvement pourquoi en utilisant les adjectifs vus dans l'activité précédente.

Déroulement

A.

- Demandez à vos apprenants de lire les messages de l'activité. Il s'agit d'une compréhension globale du texte.
- Dites aux apprenants de former des binômes, invitez-les à lire une nouvelle fois les messages en répondant aux questions suivantes : **Qui écrit ? À qui ? Pourquoi ? (motif du message)**. Faites une mise en commun.
- Posez des questions aux apprenants pour vérifier ce qu'ils ont déjà compris : **Mme Chevalier a l'habitude de dormir tranquillement ? Que demande-t-elle à ses voisins ? Qu'ont l'habitude de faire les voisins quand il y a trop de bruit ? Les colocs du 2e sont-ils d'accord avec cette méthode ? Pourquoi Bettina va-t-elle organiser une fête ? Quel cadeau offre le voisin du 3e à Bettina ?**

Oui, elle dort bien. Elle demande de ne pas laver le linge pendant la nuit.
Ils ont l'habitude d'appeler la police.
Non, ils ne sont pas d'accord.
Elle va organiser une fête pour son anniversaire.
Le voisin du 3e offre des roses rouges à Bettina.

- Invitez maintenant vos apprenants à relire les messages et à faire des hypothèses sur le sens des mots inconnus.
- Faites une mise en commun des hypothèses de signification puis proposez aux apprenants de vérifier leurs hypothèses dans le dictionnaire.
- Commentez ensemble le résultat, en les félicitant quand leurs hypothèses sont justes.
- Ensuite, demandez à vos apprenants de formuler des hypothèses sur le lieu où on peut trouver ces messages. Invitez-les à utiliser un dictionnaire s'ils ne connaissent pas le mot en français.
- Demandez maintenant à vos apprenants à quoi sert un tableau d'affichage dans un immeuble. Demandez aux apprenants qui habitent dans un immeuble s'il en existe un et quels types de messages on y retrouve.
- Proposez à vos apprenants de relire une dernière fois les messages et de trouver les problèmes dont on parle. Il s'agit de repérer des informations. Indiquez aux apprenants qu'ils peuvent survoler le texte jusqu'à trouver un mot-clé qui leur permet de trouver la réponse. Ils peuvent vérifier cette réponse en lisant la phrase dans laquelle se trouve le mot clé.

- Invitez les apprenants à vérifier leurs réponses en les comparant avec celles d'un camarade.
- Faites une mise en commun.

Corrigés

1. Mme Chevalier parle du bruit de la machine à laver pendant la nuit.
2. Les colocs du 2e parlent des voisins qui appellent la police quand il y a trop de bruit.
3. Bettina parle de la fête d'anniversaire qu'elle va organiser.

B. 🔊 Piste 04

- Dites à vos apprenants qu'ils vont écouter un dialogue. Précisez-leur que le dialogue correspond à un des messages lus précédemment. Faites une première écoute globale : **Combien de personnes parlent ? De quoi parlent-elles ? L'événement dont parlent les personnes a-t-il déjà eu lieu ?** Pour résumer, écrivez au tableau : **Qui ? Quoi ? Quand ?**
- Faites une mise en commun au tableau.
- Faites une deuxième écoute et demandez aux apprenants de répondre aux deux questions de l'activité.
- Invitez les apprenants à vérifier leurs réponses en les comparant avec celles d'un camarade.
- Faites une mise en commun.

Voir Transcriptions page 121 du livre

Corrigés

La conversation correspond au deuxième message, celui des colocs du 2e. La solution est que lorsque Marc veut aller se coucher, il prévient Lucas, qui baissera la musique.

C.

- Lisez la consigne avec vos apprenants. Proposez-leur de compléter le tableau individuellement. Dites-leur de s'aider du lexique vu dans l'activité précédente.
- Demandez à vos apprenants de former des groupes de 3 ou 4 et de comparer leurs réponses. Il est probable que les apprenants n'aient pas choisi le même adjectif pour caractériser les voisins de cet immeuble. Invitez-les à discuter pour défendre leur choix.
- Faites une mise en commun au tableau en invitant les apprenants à proposer tous les adjectifs jugés valables par le groupe.

Corrigés

Mme Chevalier : optimiste, polie.
Bettina : discrète, sympathique, modeste.
Le voisin du 3e : poli, gentil, sympathique.
Les colocs : branchés.

- Demandez à vos apprenants d'observer la place des adjectifs. Faites-leur remarquer que parfois ils sont avant le nom et parfois après. Consultez avec eux la colonne *Nos outils* page 25 et rendez-vous page 30 pour réaliser l'activité du point 1.

D.

- Formez des groupes et demandez-leur de parler entre eux des problèmes qu'ils ont pu rencontrer avec leurs voisins.
- Ensuite, demandez à des volontaires de présenter leur problème au reste de la classe.
- Vous pouvez proposer de réaliser cette activité en faisant un petit jeu.
- Préparez des fiches avec un mot de lexique sur le caractère vu jusque maintenant (dans le livre mais aussi dans le cahier d'exercices). Il doit y avoir une carte par apprenant.
- Distribuez une carte à chacun des apprenants. Les apprenants doivent inventer un voisin à partir de l'adjectif de la carte. Dites-leur qu'ils doivent décrire ce voisin à partir du mot-adjectif : **Est-ce un père/une mère de famille ? Un étudiant ? Une personne âgée ? Ce voisin vit-il seul ? En colocation ? Avec sa famille ?**
- Ensuite, demandez-leur de trouver/inventer un problème éventuel rencontré avec ce voisin, qui correspond à l'adjectif de la fiche, et de préciser si une solution a pu être trouvée pour résoudre ce problème.
- Attention : pendant la description, l'apprenant ne peut pas utiliser le mot de la fiche, il peut toutefois utiliser un synonyme.

- Chaque apprenant présente son voisin à la classe, ses camarades doivent deviner quel est le trait de caractère de ce voisin.

Variante

- Chaque apprenant rédige la description individuellement. Les apprenants forment ensuite des groupes de 3 ou 4. Ils échangent leur description et corrigent la description de leurs camarades.
- Chaque personne du groupe présente individuellement son voisin à l'ensemble des groupes.
- Les autres groupes remplissent une fiche (par groupe) où ils notent le trait de caractère du voisin.

Fiche	
Élève 1	Bruyant
Élève 2	Sympathique
Élève 3	Poli

- Demandez à chaque élève de montrer la fiche qui lui correspondait, les groupes vérifient leurs réponses. Le groupe qui a le plus de bonnes réponses est le gagnant. Prévoyez un petit prix ou un diplôme pour ce groupe.

Pour aller plus loin

- Proposez à vos apprenants de travailler sur le vocabulaire des émotions en se rendant sur le site suivant : ☛ http://jeunessejecoute.ca/Kids/YourSpace/Feeling-Forensics.aspx?lang=fr-ca
  L'apprenant est assistant du détective E.motion et doit résoudre plusieurs enquêtes.

Vive l'amitié !

OBJECTIF DE LA LEÇON 2
Exprimer des sentiments et donner des conseils

OBJECTIFS SPÉCIFIQUES des activités de la double page

- connaître et utiliser les verbes de relation **se disputer**, **se fâcher**, **se réconcilier**, etc.
- conjuguer les verbes pronominaux au passé composé
- donner des conseils en utilisant des verbes au conditionnel
- découvrir le film *Les petits mouchoirs*
- présenter un film

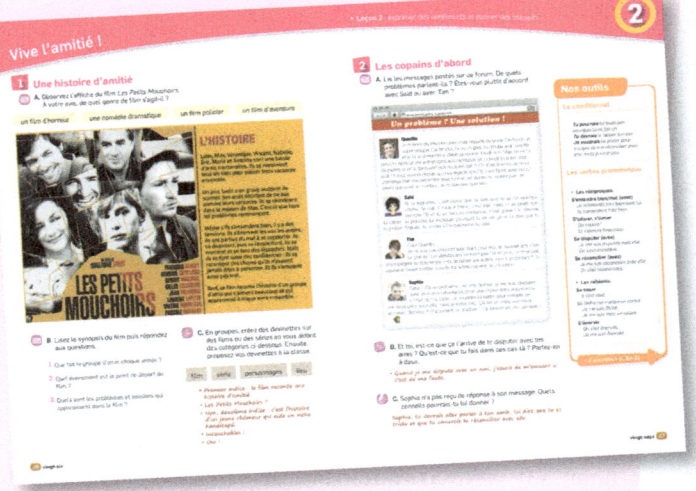

1. Une histoire d'amitié

Objectifs de l'activité
Découvrir un film français Les petits mouchoirs
Parler des genres des films
Lire et comprendre un synopsis

Mise en route : Demandez à vos apprenants ce que le mot **amitié** signifie pour eux. **As-tu un(e) seul(e) meilleur(e) ami(e) ou un groupe de meilleurs amis ? Que serais-tu prêt(e) à faire pour ton/ta meilleur(e) ami(e) ? Que ne pardonnerais-tu pas à ton/ta meilleur(e) ami(e) ?**
Vous pouvez ainsi introduire le conditionnel en demandant aux apprenants de répéter la structure pour introduire leur réponse.

Pour en savoir plus
Les petits mouchoirs est un film français sorti en salles (en France) en 2010. C'est une comédie romantique écrite et réalisée par Guillaume Canet.
Il raconte l'histoire d'une bande d'amis qui décident de partir en vacances alors que l'un d'eux est dans le coma, après un accident de moto.
L'accident est d'ailleurs le point de départ de mises au point entre les amis, entre mensonges et révélations.
La particularité du film est que les acteurs font tous partie de l'entourage proche de Guillaume Canet : François Cluzet, Marion Cotillard, Gilles Lellouch, Jean Dujardin. Le film a rencontré un franc succès auprès des spectateurs.

Déroulement
A.

- Invitez les apprenants à observer l'affiche du film et demandez-leur s'ils reconnaissent quelques-uns des acteurs. Ils ont pu voir Jean Dujardin dans *The artist*

(2011), Marion Cotillard dans *La môme* (2007), *Inception* (2010), *Batman, the dark night rises* (2012).
- Demandez à vos apprenants d'observer l'affiche du film puis posez-leur les questions suivantes : **À votre avis, quelle est la relation entre les personnages ? Comment se sentent les personnages ? (tristes ? heureux ? mélancoliques ? inquiets ?) Que représentent les lignes jaunes (le découpage des photos) ? Quelle est la couleur dominante ? Connaissez-vous le symbolisme de cette couleur ?**
- Laissez les apprenants répondre librement, il s'agit de les inciter à observer attentivement l'image et à essayer d'en retirer des indices afin d'émettre des hypothèses sur le genre et le sujet du film.
- Maintenant, invitez les apprenants à lire les étiquettes sur les genres de film. Assurez-vous qu'ils les comprennent. Expliquez chaque genre aux apprenants en français. Afin de vérifier leur compréhension, demandez-leur de citer un film de leur choix pour illustrer chaque genre.
- En s'appuyant sur les hypothèses émises lors de l'analyse de l'affiche, demandez-leur de dire quel est le genre du film.

Corrigés

Il s'agit d'une comédie dramatique.

B.

- Invitez les apprenants à lire individuellement le synopsis de *Les Petits Mouchoirs*. Il s'agit de guider les apprenants vers une compréhension globale du texte. Pour cela, demandez-leur de s'aider du contexte et de s'appuyer sur les mots qu'ils connaissent déjà pour comprendre le sens global. Posez-leur des questions pour vérifier ce qu'ils ont déjà compris : **Quelle est la relation entre les personnages ? Quand ont-ils l'habitude de se retrouver tous ensemble ? Qu'est-ce qui arrive à Ludo ? Comment s'entend la bande d'amis ? En bref, de quoi parle le film ?**

Les personnages sont amis. Ils se retrouvent ensemble en été. Ludo a eu un accident de scooter. Le groupe d'amis s'entend bien, même s'il y a des tensions.

- Invitez maintenant vos apprenants à relire le texte et à faire des hypothèses pour deviner le sens des mots qui leur sont inconnus.
- Faites une mise en commun des hypothèses de signification, puis proposez aux apprenants de vérifier leurs hypothèses dans le dictionnaire.
- Commentez ensemble le résultat, en les félicitant quand leurs hypothèses sont justes.
- Montrez-leur qu'il n'est pas nécessaire de comprendre tous les mots d'un texte pour en saisir le sens global.
- Enfin, proposez aux apprenants de répondre aux questions en binômes, puis faites une mise en commun.

Corrigés

1. Chaque année, le groupe d'amis passe leurs vacances ensemble.
2. L'événement qui est le point de départ du film est l'accident de scooter de Ludo.
3. Ils s'énervent les uns contre les autres, ils se disputent, ils se mentent et ils se font des reproches

Pour aller plus loin

- Visionnez en classe la bande-annonce du film : ☛ http://www.allocine.fr/video/player_gen_cmedia=19130524&cfilm=146632.html
- Invitez vos apprenants à voir des films français en vostfr sur ☛ http://www.filmfra.com/

C.

- Faites des groupes de 3 ou 4 apprenants. Invitez-les à penser aux films et aux séries qu'ils connaissent et d'en dresser une liste.
- Faites une mise en commun au tableau. Assurez-vous que tous les apprenants connaissent les films et les séries citées.
- Distribuez un nombre égal de titres à chacun des groupes.
- Proposez aux apprenants de créer des devinettes à partir de ces titres en s'aidant des catégories proposées dans le livre.
- Quand les devinettes sont prêtes, demandez à chaque membre du groupe de la lire au reste de la classe. N'hésitez pas à ramener un buzzer en classe pour que chaque élève puisse prendre la parole plus facilement. Vous pouvez demander qu'à chaque manche, un élève

du groupe soit le porte-parole de manière à ce que tous les apprenants puissent s'exprimer.
- Lorsqu'un groupe a terminé de lire ses devinettes, un autre groupe lit ses devinettes au reste de la classe.
- Vous pouvez compter un point par bonne réponse. Le groupe qui a le plus de points gagne le jeu. Vous pouvez lui remettre un petit diplôme ou un prix.

Variante

- Proposez à vos apprenants de se rendre sur le site ☛ http://fr.educaplay.com/ Ils doivent créer un identifiant et un mot de passe. Pour plus de commodité, créer le même pour tous. Sur cette page Internet, demandez aux apprenants de créer leur propre devinette. Réunissez toutes les devinettes sur le même titre, par exemple *Films et séries 3ºA*. Invitez-les à être créatifs et dites-leur qu'ils peuvent utiliser tous les supports d'indices proposés : écrit, image ou son.
- Lorsque tous les groupes ont terminé de créer leur devinette, invitez-les à jouer.

Variante

- Proposez à vos classes de jouer les unes contre les autres. 3ºA joue avec les devinettes de 3ºB et inversement. Vous pouvez projeter les devinettes en classe, invitez un élève à être le secrétaire et laissez tous les élèves répondre, ensemble, aux devinettes.

2. Les copains d'abord

Objectifs de l'activité

Lire et comprendre des messages sur un forum
Donner un conseil
Utiliser le conditionnel pour donner un conseil
Savoir conjuguer les verbes pronominaux au passé composé

Mise en route : Demandez à vos apprenants quels sont les motifs de dispute les plus courants avec leurs amis. Demandez-leur quelles solutions ils ont l'habitude de trouver.

Déroulement

A.

- Invitez vos apprenants à regarder le texte de l'activité. Observez le paratexte : **Quel est le support du texte ? Quel est le type du texte ? Qui sont les participants ?**
C'est un forum. Ce sont des messages. Les participants sont des ados.
- Faites lire le texte individuellement. Il s'agit de guider les apprenants vers une compréhension globale du texte. Pour cela, demandez-leur de s'aider du contexte et de s'appuyer sur les mots qu'ils connaissent déjà pour comprendre le sens global. Posez-leur des questions pour vérifier ce qu'ils ont déjà compris : **Qui est la personne qui a un problème?** *Quentin a un problème.* **Quentin est-il encore fâ-**

ché avec son ami ? *Oui, il est encore fâché avec son ami.* Pour Saïd, est-ce que le problème est important ? *Pour Saïd, le problème est important : « c'est grave ».* D'après Tim, qu'est-ce qu'un véritable ami ? *D'après Tim, un véritable ami ne ment pas.* Comment Sophia qualifie-t-elle son amie ? *Sophia dit que son amie est une amie d'enfance.* Depuis quand Sophia a un problème avec son amie ? *Elle a un problème avec son amie depuis mai dernier.*

- Invitez maintenant vos apprenants à relire le texte et à faire des hypothèses sur le sens des mots inconnus.
- Faites une mise en commun des hypothèses de signification, puis proposez aux apprenants de vérifier leurs hypothèses dans le dictionnaire.
- Commentez ensemble le résultat, en les félicitant quand leurs hypothèses sont justes.
- Ensuite, demandez à vos apprenants de formuler des hypothèses sur le support où on peut trouver ces messages. Invitez-les à utiliser un dictionnaire s'ils ne connaissent pas le mot en français.
- Maintenant, invitez-les à répondre à la première question : **De quels problèmes parlent-ils ?** Proposez aux apprenants de répondre à la question individuellement puis invitez-les à vérifier leurs réponses en les comparant avec un camarade. Faites une mise en commun.
- Invitez vos apprenants à relire les messages de Saïd et Tim, faites des binômes et proposez-leur de débattre.

Variante

- Si les élèves sont peu nombreux, invitez-les à former deux groupes et ouvrez un débat : **Qui est d'accord avec Saïd et qui est d'accord avec Tim ?** Laissez les élèves prendre la parole comme bon leur semble, vous modérez le débat en vous assurant que chacun puisse prendre la parole et en prenant garde qu'un élève ne monopolise pas la parole ni n'interrompt ses camarades.
- Demandez à vos apprenants, en binôme, de relever, dans les messages, comment les intervenants expriment leur conseil.
- Faites une mise en commun puis consultez ensemble la colonne *Nos outils* page 27. Enfin, rendez-vous page 30 pour réaliser l'activité du point 2.
- Maintenant, proposez à vos apprenants de relever les verbes pronominaux des différents messages qui sont conjugués au passé composé. Proposez aux apprenants d'émettre des hypothèses, par deux, sur l'auxiliaire utilisé et la règle des accords.
- Faites une mise en commun puis invitez vos apprenants à vérifier leurs hypothèses en consultant la colonne *Nos outils* page 27 puis rendez-vous page 30 pour réaliser l'activité du point 3.

Corrigés

Les problèmes sont l'amitié, le mensonge, les disputes, la confiance.

B.

- Invitez vos apprenants à réfléchir à la dernière fois qu'ils se sont disputés avec un ami. Puis à ce qu'ils ont fait pour arranger cette situation. Proposez à vos apprenants d'en discuter à deux. N'hésitez pas à conseiller aux apprenants d'insérer des conseils dans le dialogue.
- Une fois que les apprenants ont discuté par deux de leurs problèmes, invitez-les à former des groupes de 3 ou 4 (3 ou 4 apprenants différents du binôme, exemple: binômes A/B, C/D, E/F groupe : A, C, E et B, D, F) et proposez-leur de discuter de leurs problèmes devant la classe en se posant mutuellement des questions et en se donnant des conseils pour essayer de résoudre ce problème.
  - *Quel est le problème avec ton ami ?*
  - *Tu pourrais/Tu devrais...*
  - *Je voudrais/J'aimerais + infinitif*
  - *Un ami, c'est une personne qui...*

C.

- Proposez aux apprenants de relire le problème de Sophia. Faites des binômes, dites aux apprenants de réfléchir par deux aux conseils qu'ils pourraient leur donner. Dressez-en une liste.
- Invitez maintenant les apprenants à former des groupes de 4. D'abord, proposez-leur d'échanger les conseils qu'ils ont trouvés. Puis demandez-leur de garder les deux conseils qui leur semblent meilleurs.
- Ensuite, demandez aux apprenants de réfléchir à ce qu'ils feraient s'ils étaient à la place de Sophia.
- Une fois que les groupes ont tous ces éléments, proposez-leur de rédiger un message pour conseiller Sophia.
- Finalement, invitez chaque groupe à lire son conseil à toute la classe. Vous pouvez décider de choisir quelle est la meilleure proposition.
- Postez le message de Sophie et les conseils de la classe sur le blog de la classe, s'il y en a un.

Variante

- Créez un forum sur *Google groups* ☞ https://groups.google.com/forum/
- Postez le message de Sophia et invitez vos apprenants à y répondre, en dehors de la classe. Invitez-les à rédiger le message par deux en s'aidant des outils de Google Drive (En savoir plus sur le partage de document de Google Drive : ☞ http://tenseignes-tu.com/boite-a-tic/tutoriel-partage/). Une fois que le message a été rédigé par le binôme, le binôme peut poster son message sur le forum.

Mon réseau

OBJECTIF DE LA LEÇON 3
Décrire des relations, des liens entre les personnes

OBJECTIFS SPÉCIFIQUES des activités de la double page

▸ présenter ses relations
▸ situer dans le temps
▸ utiliser les pronoms relatifs
▸ décrire son réseau : **qui, que, où**

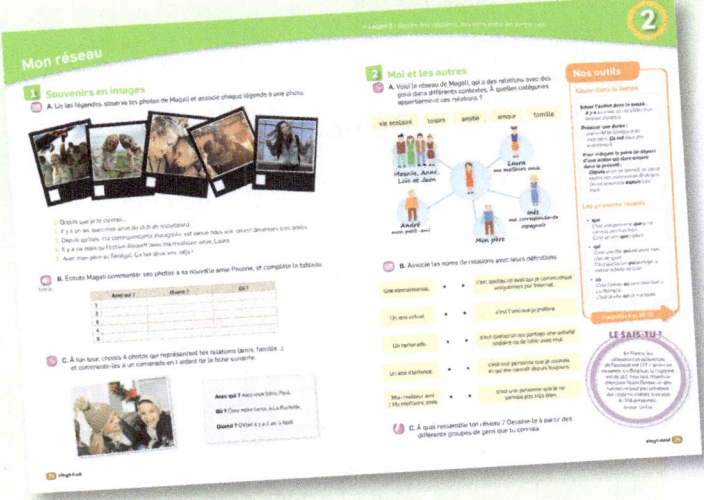

1. Souvenirs en images

Objectif de l'activité
Situer dans le temps, écouter et comprendre de manière détaillée une conversation amicale

Mise en route : Demandez à vos apprenants s'ils prennent des photos lorsqu'ils partent en vacances. **Quel type de photos ?** (Paysages, portraits des personnes qu'ils rencontrent, selfies ?) Puis demandez-leur ce qu'ils font de leurs photos de vacances. **Ils les archivent dans leur ordinateur ? Ils les impriment ? Ils les rangent dans un album ? Ils les encadrent et les affichent ? Ils les postent sur un réseau social ?**

Déroulement
A.

● Demandez à vos apprenants d'observer les photos de l'activité. **De quel type de photos il s'agit ? Ont-elles été prises pendant un même événement ? Où les photos ont-elles été prises ? Quel(s) adjectif(s) pourraient qualifier les personnes que l'on voit sur les photos ?**
Ce sont des photos de vacances.
Elles ont été prises pendant des événements différents.
Elles ont été prises à la montagne, dans la forêt (en Afrique), à la plage, à Noël, devant un monument.

● Il s'agit d'amener les apprenants à observer attentivement les photos et d'émettre des hypothèses.
● Invitez les apprenants à prendre connaissance des légendes des photos.

● Il s'agit d'une compréhension globale, par conséquent, vous ne donnerez pas tout le vocabulaire des phrases, particulièrement les expressions de temps qui seront vues postérieurement.
● Proposez aux apprenants de réaliser l'activité individuellement puis de vérifier leurs réponses en les comparant avec leur voisin.

Corrigés

2 – 5 – 4 – 1 – 3

● Dessinez la ligne du temps au tableau puis proposez aux apprenants de faire de même sur leur cahier, et par deux, de situer les événements décrits sur cette ligne.
● Faites une mise en commun au tableau.
● Invitez vos apprenants à consulter la colonne *Nos outils* page 29 puis rendez-vous à la page 31 pour réaliser l'activité du point 5.

B. Piste 05
● Dites à vos apprenants qu'ils vont écouter un dialogue. Faites une première écoute globale : **Combien de personnes parlent ? De quoi parlent-elles ? L'événement dont parlent les personnes a-t-il déjà eu lieu ?** Pour résumer, écrivez au tableau : **Qui ? Quoi ? Quand ?**
● Faites une mise en commun au tableau.
● Faites une deuxième écoute et demandez aux apprenants de répondre aux deux questions de l'activité.

● Invitez les apprenants à vérifier leurs réponses en les comparant avec celles d'un camarade.
● Faites une mise en commun.

Voir Transcriptions page 121 du livre.

Corrigés

	Avec qui ?	Quand ?	Où ?
1	Ses amis du snowboard	L'hiver	À la montagne
2	Son père	Ça fait deux ans	Au Sénégal
3	Sa meilleure amie, Laura	Il y a six mois	À un festival d'électro
4	Lucas	L'année dernière	À Brest
5	Sa correspondante espagnole, Inés	Depuis que leurs lycées organisent un échange	Chez Magali

C.

● Lors du cours précédent, demandez à vos élèves de choisir 4 photos qui représentent leurs relations et de les amener en classe.
● Proposez aux apprenants de former des binômes et de se poser mutuellement des questions pour présenter leurs photos en s'aidant de l'encadré.
C'est qui ? Vous êtes où ? Où tu as pris la photo ?
● Ensuite, vous pouvez demander aux apprenants de sélectionner deux photos de leurs camarades et d'approfondir les questions sur ces personnes. En d'autres termes, l'élève A présentera les relations de l'élève B et inversement.
Tu t'entends bien avec X ? Quelle est sa principale qualité ? Et son défaut ? X a quel âge ? Il/elle travaille ou il/elle étudie ? Il/elle habite où ? Quel est son film préféré?
● Grâce aux réponses recueillies, les élèves peuvent réaliser une présentation des relations de leurs camarades. Ils peuvent le faire sous forme de carte mentale.
● Finalement, chaque apprenant présente sa réalisation au reste de la classe.
● Les apprenants peuvent former un jury pour choisir la meilleure présentation, grâce aux critères suivants : créativité de la carte mentale, clarté du discours, etc. Prévoyez alors des petits papiers pour chacun et une urne (un chapeau ou une boite vide peuvent faire l'affaire).
● Vous pouvez choisir d'afficher les cartes des trois gagnants et afficher celles de tous les apprenants sur le blog de la classe s'il y en a un.

Variante

● Demandez aux apprenants de réaliser la carte mentale de leur propre relation. Dites-leur de laisser de la place pour ajouter la photo. Vous pouvez leur conseiller de créer leur carte mentale grâce au logiciel Xmind : ☞ http://www.xmind.fr/
● Formez des groupes de 3 apprenants auxquels vous distribuez une photocopie de toutes les photos apportées par les élèves, vous pouvez aussi ajouter des intrus.
● Lorsqu'un élève présente sa relation, les groupes doivent deviner à quelle photo correspond la présentation.
● Le groupe qui trouve le plus de photos gagne. Vous pouvez prévoir un petit prix ou un diplôme pour les gagnants. Vous pouvez aussi afficher leur présentation. Enfin, affichez les présentations de tous les apprenants sur le blog de la classe, s'il y en a un.

2. Moi et les autres

Objectifs de l'activité

Décrire ses relations
Utiliser les pronoms relatifs qui, que, où

Mise en route : Demandez à vos apprenants de réfléchir à leur cercle d'amis. **Est-ce que tous leurs amis sont aussi importants ?**

Déroulement

A.

● Demandez aux apprenants de réfléchir, par groupe de 3, sur la provenance de leurs relations. **Où les ont-ils connus ?** Invitez-les à consulter un dictionnaire au cas où ils auraient des lacunes de vocabulaire.
● Faites une mise en commun au tableau.
● Maintenant, dites aux apprenants de consulter le réseau de Magali. En s'appuyant sur les catégories déterminées précédemment par les apprenants, demandez-leur d'en attribuer une à chaque relation, en binôme. Ensuite, dites-leur de vérifier leurs hypothèses grâce aux étiquettes proposées dans le livre.
● Faites une mise en commun au tableau.
● Maintenant, demandez aux apprenants de compléter les phrases suivantes, individuellement puis d'en discuter en groupe de 2 ou 3 :
L'école, c'est l'endroit où je peux connaître...
Quand je pars en vacances, je connais...
Pendant mes activités extrascolaires, je peux connaître...
Sur Internet, je connais...

Corrigés

loisirs - amitié - vie scolaire - famille - amour

B.

- Écrivez les mots de la colonne de gauche au tableau. Demandez aux apprenants, en binôme, de définir chacun de ces mots.
- Maintenant, invitez vos apprenants à réaliser l'activité du livre pour vérifier leurs hypothèses. Proposez-leur de vérifier leurs réponses en les comparant avec celles de leur voisin.
- Faites une mise en commun au tableau.

Corrigés

Une connaissance = c'est une personne que je ne connais pas très bien.
Un ami virtuel = c'est quelqu'un avec qui je communique uniquement par Internet.
Un camarade = c'est quelqu'un qui partage une activité scolaire ou de loisirs avec moi.
Un ami d'enfance = c'est une personne que je connais et qui me connait depuis toujours.
Mon meilleur ami / Ma meilleure amie = c'est l'ami que je préfère.

- Invitez vos apprenants à repérer les pronoms relatifs **qui** et **que** dans les définitions. Proposez-leur de déterminer quelle est la fonction grammaticale de chacun d'entre eux.
- Finalement, invitez-les à vérifier leurs hypothèses grammaticales en consultant la colonne Nos outils page 29 puis rendez-vous page 31 pour réaliser l'activité du point 4.

C.

- Demandez aux apprenants d'apporter des photos de leurs réseaux et de créer leur propre réseau. Les apprenants qui le souhaitent peuvent inventer leur réseau. Dans ce cas, ils peuvent apporter des photos trouvées sur Internet ou dans des magazines. Vous pouvez demander aux apprenants de le dessiner sur une affiche ou de le créer grâce à un logiciel de présentation tel que Prezi : ☞ https://prezi.com/
- Indiquez aux apprenants de préciser qui est la personne sur la photo (prénom) et quelle est leur relation (meilleur ami, connaissance, etc.)
- Ensuite, demandez aux apprenants de préparer la présentation orale de leur réseau en s'appuyant sur des structures avec des pronoms relatifs telles que :
  Pierre, c'est une personne que j'ai connue... .
  L'endroit où je vais en vacances est dans le Sud, ...
- Invitez maintenant vos élèves à présenter oralement au reste de la classe leur réseau.
- Les apprenants peuvent former un jury et voter pour la présentation qu'ils ont le plus aimée. Vous pouvez établir les critères suivants pour le vote : l'originalité de la présentation, la créativité du support, la clarté du discours, le respect des consignes (l'utilisation des pronoms relatifs), etc. Prévoyez alors des petits papiers pour chacun et une urne (un chapeau ou une boite vide peuvent faire l'affaire).
- Vous pouvez afficher la (ou les trois premières) présentation(s) gagnante(s) en classe.
- Postez toutes les présentations sur le blog de la classe, s'il y en a un.

Pour aller plus loin

- Tu veux être mon ami ? Le speed dating de l'amitié proposé par les Zexperts ☞ http://leszexpertsfle.com/ressources-fle/tu-veux-etre-mon-ami/ (téléchargement gratuit)

Nos outils

RÉCAPITULATIF DES POINTS GRAMMAIRE

▶ La place des adjectifs
▶ Le conditionnel
▶ L'accord des verbes pronominaux
▶ Les pronoms relatifs **qui**, **que**, **où**
▶ Indiquer une durée

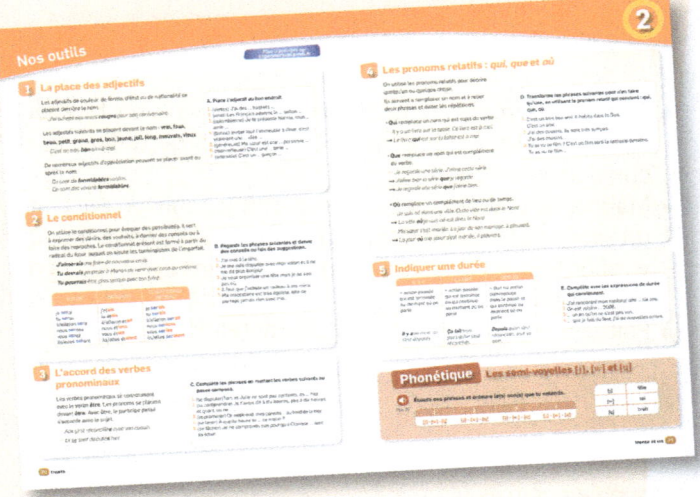

1. La place des adjectifs

1. J'ai des baskets **vertes**.
2. Les Français adorent le ballon **rond**.
3. Je te présente Norma, mon amie **colombienne**.
4. Inviter tout l'immeuble à dîner, c'est vraiment une **bonne** idée.
5. Ma sœur est une personne **généreuse**.
6. C'est une **merveilleuse** amie.
7. C'est un garçon **adorable**.
Voir Précis grammatical page 99 du livre.

2. Le conditionnel

Exemples de réponses :
1. Tu devrais prendre une aspirine
2. Tu pourrais essayer de te réconcilier avec lui.
3. Tu pourrais l'organiser chez moi.
4. Tu devrais lui acheter un livre.
5. Tu devrais parler avec elle.
Voir Précis grammatical page 99 du livre.

3. L'accord des verbes pronominaux

1. Tom et Julie ne sont pas contents, ils **se sont disputés** hier.
2. Je t'avais dit à dix heures, pas à dix heures et quart, **on ne s'est pas compris**.
3. Ce week-end, mes parents **se sont promenés** au bord de la mer.
4. A quelle heure tu **t'es levé** ce matin ?

5. Je ne comprends pas pourquoi Clarisse **s'est fâchée** avec sa sœur.
Voir Précis grammatical page 102 du livre.

4. Les pronoms relatifs : *qui, que et où*

1. C'est un ami **qui** habite dans le Sud.
2. J'ai des cousins **qui** sont très sympas.
3. Tu as vu ce film **qui** est sorti la semaine dernière.
Voir Précis grammatical page 100 du livre.

5. Indiquer une durée

1. J'ai rencontré mon meilleur ami **il y a** six ans.
2. On est voisins **depuis** 2008.
3. **Ça fait** un an qu'on ne s'est pas vus.
4. **Depuis** que je fais du foot, j'ai de nouvelles amies.
Voir Précis grammatical page 106 du livre.

Phonétique

La liaison

Objectif
Discriminer les sons [j], [w], [ɥ]

Mise en route : Expliquez aux apprenants qu'ils vont travailler sur les sons [j], [w], [ɥ].
Travaillez les phonèmes, l'un après l'autre.

Déroulement

🔊 Piste 06

- Commencez avec le phonème [j]. Observez l'exemple de l'activité de phonétique page 31 du livre : **fille.**
- Lisez le mot. Faites remarquer aux élèves que **ill** forme un seul son : le [i] suivi d'une prononciation relâchée du « l ». Demandez aux élèves de trouver d'autres mots dans lesquels on entend la semi-voyelle [j] : *travail, cheville, anxieux, curieux, conseil, famille, billet, maillot, etc.*
- Invitez-les à observer que la graphie la plus courante du [j] est **ill**, il, i + voyelle, **y** + voyelle.
- Maintenant, faites-les observer le mot « toi ». Lisez le mot et faites remarquer qu'il s'agit du son « a » précédé d'un [u]. Demandez aux élèves de trouver d'autres mots contenant la semi-voyelle [wa] : *moi, bois, endroit, pourquoi, mois, histoire, Antoine, parfois, voir, etc.*
- Invitez-les à observer que la graphie la plus courante du [wa] est « oi ».
- Finalement, lisez le dernier exemple **bruit**. Faites remarquer aux élèves qu'il s'agit du son [i] devant lequel se prononce légèrement le son [y]. Demandez aux élèves de trouver d'autres mots dans lesquels on entend la semi-voyelle [ɥ] : *cuisine, juillet, oui, Suisse, pluie, nuit lui, huit, appuyer, etc.*
- Lors de la phase de recherche de mots contenant le phonème, suggérez à vos apprenants de chercher des mots dans les unités 1 et 2 du livre puisque ce sont des mots qu'ils connaissent et dont ils ont déjà entendu la prononciation.
- Durant cette phase, écrivez les mots au tableau. Essayez de faire en sorte qu'à la fin, il y ait autant de mots que d'élèves puis demandez à chaque élève de prononcer un mot. Faites appel aux autres apprenants pour approuver ou non la prononciation de l'élève.
- Vous pouvez préparer des cartons verts et des cartons rouges. Un apprenant prononce un mot, si les autres sont d'accord avec sa prononciation, ils lèvent le carton vert, dans le cas contraire, le carton rouge. Ainsi, vous pouvez évaluer si les apprenants entendent correctement les phonèmes traités.
- Invitez maintenant les apprenants à passer à l'activité du livre.
- Indiquez-leur qu'ils vont entendre des phrases et qu'ils doivent déterminer quelle est la semi-voyelle qui est entendue.
- Faites écouter l'audio une première fois.
- Si vous voyez que l'activité semble difficile pour les apprenants, indiquez-leur que dans les trois premiers énoncés, il s'agit de déterminer quelle est la semi-voyelle prononcée et dans le dernier, qu'il s'agit de deux semi-voyelles à trouver.
- Effectuez une seconde écoute pendant laquelle les apprenants cochent la grille. Faites une pause après chaque énoncé.
- Proposez aux apprenants de comparer leurs réponses.
- Faites une dernière écoute pour vérifier les réponses.
- Faites une mise en commun au tableau.

- Maintenant, dictez les phrases aux apprenants. Demandez aux apprenants de comparer leur dictée avec un voisin. Faites une mise en commun au tableau. En binôme, demandez aux apprenants de repérer la graphie des semi-voyelles déterminées lors de l'exercice d'écoute.
- Finalement, demandez aux apprenants de lire les phrases à voix haute.

Voir Transcriptions page 121 du livre.

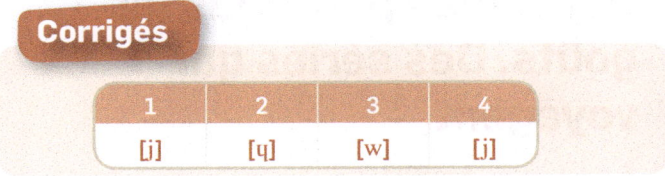

Corrigés

1	2	3	4
[j]	[ɥ]	[w]	[j]

Pour en savoir plus

- Les semi-voyelles [j], [w], [ɥ] se prononcent sur la base de, respectivement, [i], [u] et [y]. Vérifiez que les élèves prononcent correctement ces phonèmes. Puis demandez-leur de prononcer [ij], [wa], [ɥi].

Pour aller plus loin

- Visionnez les vidéos suivantes, de campusFLE Réseau, avec les apprenants :
  - La semi-voyelle [ɥ] : ☞ https://www.youtube.com/watch?v=7D6WGCRu-2w
  - La semi-voyelle [w] : ☞ https://www.youtube.com/watch?v=mQN268VaXcI
- Réalisez le jeu suivant sur les semi-voyelles : ☞ http://apprendre.over-blog.fr/article-16863645.html
- Rendez-vous sur le site Phonétique.free pour réaliser des exercices de discrimination sur ces phonèmes : ☞ http://phonetique.free.fr/indexphonsemi.htm

2

MAG.COM

Des séries pour tous les goûts. Des séries qui voyagent

OBJECTIFS
Parler des séries francophones à succès
Parler des séries adaptées

Présentation des documents :

▶ 3 photos de séries francophones à succès. Description de chacune d'entre elles.

▶ 3 photos de la série *Un gars, une fille* : deux d'entre elles montrant les acteurs de la version québécoise et l'autre, les acteurs de la version française. Un texte explicatif sur l'adaptation des séries étrangères en France, et inversement.

Des séries pour tous les goûts

Mise en route : Demandez aux apprenants quelles sont leurs séries préférées. Demandez-leur s'ils connaissent des séries françaises et/ou francophones.

Déroulement

- Lisez avec les apprenants le texte introducteur et aidez-les à comprendre le sens des mots inconnus. Vérifiez qu'ils ont bien compris le sens du texte introducteur en leur posant quelques questions : **D'où viennent les séries qui ont le plus de succès ? Comment sont diffusées les séries francophones dans les pays non-francophones ?**
- Maintenant, indiquez à vos apprenants que vous allez parler de trois séries francophones à succès. Invitez-les à observer les images. Demandez-leur si elles leur évoquent une série qu'ils connaissent.
- Formez trois groupes (si la classe est nombreuse, formez six groupes). Attribuez une image à chaque groupe et demandez-leur de décrire l'image et de deviner le genre et l'histoire de la série.
- Faites une mise en commun.
- Invitez vos apprenants à lire les descriptions. Commencez par la première, posez-leur des questions pour vérifier leur compréhension du texte : **Où se passe la série ? Quel est l'élément étrange de la série ? Pourquoi luttent les personnages ?**

- Invitez maintenant les apprenants à lire la seconde description. Une nouvelle fois, posez-leur des questions pour vérifier leur compréhension du texte : **Pendant quelle période historique se passe la série ? Que décrit la série ?**
- Finalement, lisez la dernière description et posez-leur les questions suivantes : **Où se passe la série ? Quel est le type d'histoire dominant dans la série ?**
- Enfin, proposez aux apprenants de réaliser l'activité. Proposez-leur de vérifier leurs réponses en les comparant avec leur voisin. Faites une mise en commun au tableau.
- En s'aidant des images et surtout des descriptions, demandez aux apprenants de vérifier leurs hypothèses sur le genre des séries. Invitez–les à confirmer leurs hypothèses en consultant les fiches de chacune de ses séries sur ☞ http://www.allocine.fr/series/
- Une fois que les apprenants ont consulté la fiche de ces séries, réalisez un sondage et demandez aux apprenants de voter pour la série qu'ils aimeraient voir. Vous pouvez voir le premier épisode de la série élue en classe.

Corrigés

a) photo 1 b) Photo 3 c) Photo 2

Des séries qui voyagent

Mise en route

Demandez aux apprenants d'observer les photos : **Connaissent-ils cette série ? Quel est le genre de la série ? De quoi va-t-on parler ?**

Déroulement

- Demandez à vos apprenants de lire l'encadré.
- Posez-leur des questions pour vérifier ce qu'ils ont déjà compris : **De quoi parle le texte ? Qu'est-ce qu'adapter une série ? Quelle est la série qui a été la plus adaptée dans le monde ? D'où viennent les séries qui inspirent les producteurs de séries françaises ? Quelles séries françaises ont été adaptées pour le public américain ?**
- Invitez maintenant vos apprenants à relire les messages et à faire des hypothèses sur le sens des mots inconnus.
- Faites une mise en commun des hypothèses de signification, puis proposez aux apprenants de vérifier leurs hypothèses dans le dictionnaire.

- Formez des binômes et demandez-leur de parler de leurs séries préférées. Ensuite, demandez-leur de chercher sur Internet si leurs séries sont adaptées ou originales.
- Proposez-leur ensuite de présenter leurs recherches à la classe.
- Ils pourront également poster leur travail sur le blog de la classe, s'il y en a un.

Pour aller plus loin

- Proposez à vos apprenants de regarder un épisode d'*Un gars, une fille* sur Youtube : ☞ https://www.youtube.com/user/UnGarsUneFille/videos
- Vous pouvez aussi chercher un épisode de la version québécoise et le même pour l'adaptation française. Ensuite, faites deviner à vos apprenants s'il s'agit de la version québécoise ou de l'adaptation française.
- Proposez à vos apprenants de connaître plus de séries francophones.
- Pour cela, dites-leur qu'ils vont voir la bande-annonce de deux séries (*Les Revenants*, *Parents, mode d'emploi*).
- Avant de visionner les bandes-annonces, invitez-les à consulter la fiche ci-dessous. Précisez aux apprenants que l'objectif est de retirer un maximum d'informations sur la série, grâce à la bande-annonce.
- Bande-annonce *Les Revenants* :
  ☞ http://www.allocine.fr/video/player_gen_cmedia=19516659&cserie=4138.html
- Bande-annonce *Parents, mode d'emploi* :
  ☞ http://www.allocine.fr/video/player_gen_cmedia=19539825&cserie=12101.html

Pour en savoir plus

- *Les Revenants* est une série fantastique française, produite par Canal +, diffusée pour la première fois en novembre 2012. Chaque épisode dure 52 minutes. La série est déconseillée aux moins de 12 ans. La série raconte l'histoire d'une petite ville de montagne dans laquelle des personnes mortes depuis des années reviennent soudainement à la vie. Parallèlement, des événements étranges ont lieu dans la ville : des coupures d'électricité, la baisse du niveau d'eau du barrage, des traces inexpliquées sur le corps des morts comme des vivants. La série a connu un grand succès en France et à l'étranger où elle a été adaptée, notamment aux États-Unis. Elle a remporté également de nombreux prix dont l'International Emmy Awards en 2013 comme meilleure série dramatique.
- *Parents, mode d'emploi* est une série française diffusée sur France 2 depuis novembre 2013. Chaque épisode dure 3 minutes, il s'agit d'une comédie. La série raconte la vie d'une famille composée des parents d'environ quarante ans et de leurs trois enfants : Paul, 16 ans ; Laëtitia, 12 ans et demi et Jules, 8 ans.

	Série 1	**Série 2**
Titre	*Les Revenants*	*Parents, mode d'emploi*
Genre	*Thriller (peur, suspense)*	*Comédie*
Type de musique	*Inquiétante*	*Entraînante*
Description des personnages (âge, profession, relations, traits caractéristiques, ...)	*Personnages variés : enfants, adultes. Ils ne sourient pas, ils sont tristes, ils ont peur.*	*Trois enfants, deux adultes : les enfants et leurs parents. On voit la famille sur le dessin au tout début*
Lieu de la série	*Un village*	*La maison de famille*

- Demandez aux apprenants de vérifier leurs réponses en les comparant avec celles de leur voisin. Faites une mise en commun au tableau.
- Invitez les apprenants à regarder une nouvelle fois les bandes-annonces puis à imaginer le synopsis de chacune des deux séries, en binôme.
- Proposez aux apprenants de présenter à voix haute leurs synopsis.
- Dites-leur quel est le vrai synopsis des séries et félicitez le groupe qui s'en est le plus approché.

Notre projet final

Présenter le réseau d'un personnage de série ou de film

OBJECTIFS
▸ Travailler en groupe sur la tâche finale : savoir écouter les autres, négocier, interagir, argumenter pour défendre son opinion, ses préférences
▸ Présenter un personnage de série ou de film
▸ Créer le réseau d'un personnage de série ou de film
▸ Trier, organiser et présenter des informations

Matériel
▸ Feuille A4, crayons de couleur, feutres ou ordinateur et projecteur.

Déroulement par phases
Avant de commencer la phase 1, lisez les consignes en classe avec les apprenants et assurez-vous de leur compréhension. Dites-leur qu'ils vont devoir travailler en groupe et demandez-leur de choisir un secrétaire qui contrôlera le respect des consignes et le bon déroulement de la tâche. Si vous le jugez nécessaire, faites avec vos apprenants un récapitulatif rapide des ressources qu'ils devront mobiliser dans cette activité. Vous pouvez aussi leur signaler où se trouvent, dans le livre, le lexique et la grammaire dont ils auront besoin. Expliquez aux apprenants qu'ils devront parler le plus possible en français pour se mettre d'accord entre eux.

PHASE 1   Le choix du personnage
● Formez des groupes de deux apprenants et dites-leur de réfléchir à un personnage de série ou de film qu'ils connaissent tous les deux. Indiquez-leur de prendre en compte le fait que ce personnage doit avoir un réseau et qu'il est conseillé de ne pas choisir un « loup solitaire ».
● Maintenant, demandez aux apprenants de réfléchir au support qu'il préfère pour leur présentation : une affiche, un support numérique tels que XMind ou Prezi ? En fonction du support choisi, demandez aux apprenants de préparer le matériel nécessaire.
● Invitez les apprenants à écrire une brève description du personnage choisi en précisant le nom, le métier ou la situation de ce personnage ainsi que quelques traits essentiels de sa personnalité.

PHASE 2   Le dessin du réseau
● Invitez les apprenants à réfléchir au réseau du personnage choisi. Indiquez-leur de choisir des relations qui viennent de différents contextes. Demandez-leur d'en choisir au moins cinq. Une fois que ces cinq relations sont établies, dites aux apprenants de décrire

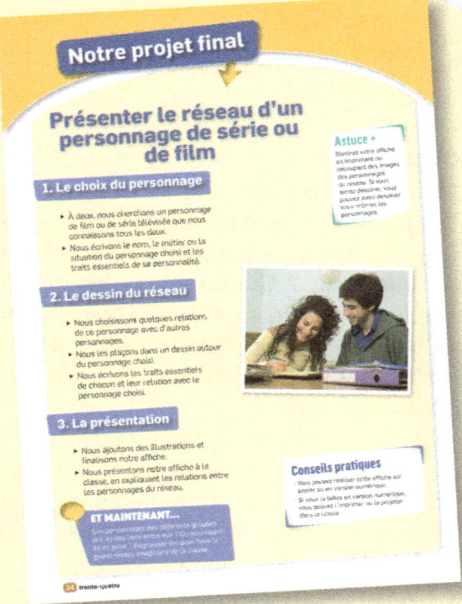

chacune d'entre elles (relation avec le personnage – nom, métier, traits caractéristiques). Précisez aux apprenants de chercher ou créer une illustration pour chacune des relations.

PHASE 3   La présentation
● Maintenant, chaque groupe va présenter le réseau de son personnage à la classe, à l'oral.
● Vous pouvez former un jury avec les élèves. Pour cela, apportez des papiers en classe et une urne. Prévoyez une grille d'évaluation avec comme critères : soin et présentation, créativité, originalité, intérêt et une notation de 1 à 4 (1 étant le minimum).
● Prévoyez un diplôme ou une récompense pour les gagnants.
● Enfin, postez les reportages sur le blog de la classe s'il y en a un.

ET MAINTENANT...
● Demandez aux apprenants si on peut trouver des liens entre les personnages des différents groupes (métiers, lieu de vie/de travail, école, etc.)
● Regroupez ces liens pour faire un grand réseau imaginaire.
● Demandez aux élèves de se reculer et de regarder attentivement le réseau, demandez-leur de vérifier s'ils n'y a pas d'incohérence ou des oublis.
● Vous pouvez le faire sur une feuille A3 ou sur un tableau en liège et marquer les liens avec du fil, à l'image de ce que font les détectives dans les séries ou films policiers.

UNITÉ 2

LE POST-IT

Matériel : Un post-it par joueur
Nombre de joueurs : 4 ou plus
Temps : 15 minutes

Objectif général
Réviser de manière ludique les acquis de l'unité 2

Objectif spécifique
Décrire les traits caractéristiques d'une personne

Déroulement
1. Demandez à vos apprenants de former un cercle.

2. Distribuez un post-il à chacun et dites-leur d'écrire le nom d'un personnage de film ou de série de leur choix. Ils doivent faire attention à ce que leur voisin ne le voie pas. Demandez-leur de faire preuve d'originalité mais aussi de trouver une personne que tous les apprenants connaissent.

3. Quand chacun a écrit le nom d'un personnage, dites aux apprenants de donner leur post-it, en cachant le nom, à leur voisin de gauche. Celui-ci colle alors son post-it sur le front.

4. Le joueur le plus jeune commence : il pose une question fermée, à la première personne pour deviner qui il est. Les autres peuvent répondre uniquement par **oui** ou **non**.

5. Les joueurs posent une question, chacun leur tour, dans le sens des aiguilles d'une montre, pour deviner qui ils sont. Le premier joueur à trouver est le gagnant.

6. Le jeu se termine lorsque tous les joueurs savent qui ils sont.

Vous savez déjà faire beaucoup de choses !

Objectif

Faire un bilan général de toutes les connaissances acquises au cours des unités 1 et 2

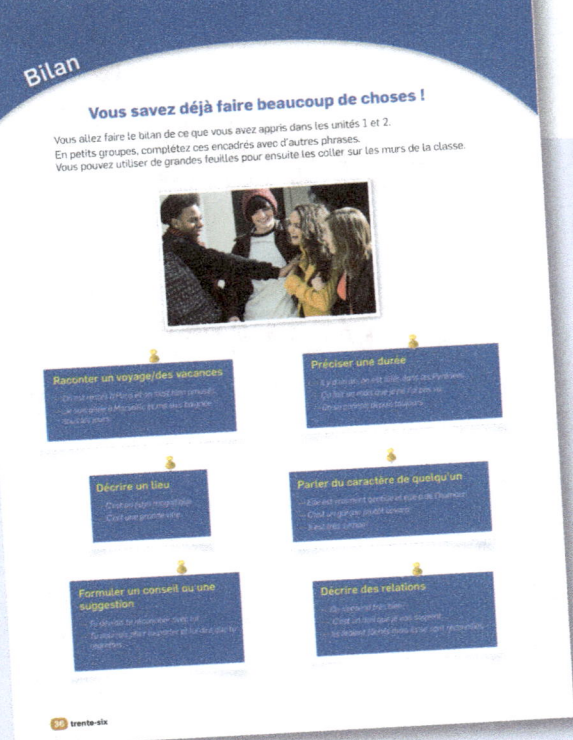

Déroulement

- Expliquez à vos apprenants que cette activité a pour but de revoir les différentes connaissances qu'ils ont acquises dans les deux unités précédentes.
- Formez des groupes de 3 à 5 apprenants. Donnez-leur du papier grand format, qui pourra ensuite être affiché sur les murs de la classe, ainsi que des feutres de différentes couleurs.
- Demandez à chaque groupe d'écrire le titre d'un des savoir-faire de la page. Attribuez-en un à chaque groupe afin que tous soient utilisés et qu'aucun ne soit répété.
- Chaque groupe utilise une fiche d'une couleur différente. À présent, chaque groupe doit formuler une phrase en relation avec le titre du savoir-faire de la fiche couleur.
- Chaque groupe passe ensuite la fiche au groupe se trouvant à côté ou derrière. Précisez que, maintenant, chaque groupe doit ajouter une phrase sur la fiche qu'il vient de recevoir. Au tour suivant, les groupes doivent à nouveau formuler une phrase et passer la fiche à un autre groupe, etc.

- Pour résumer, sur chaque fiche couleur, chaque groupe aura inscrit une phrase avec le savoir-faire demandé.
- Demandez ensuite aux apprenants de disposer les fiches sur les murs. Attribuez à chaque groupe une fiche et donnez-leur une minute pour corriger les fautes éventuelles.
- Au bout d'une minute, tapez dans vos mains, les groupes tournent et ont une minute pour corriger une autre fiche. Procédez de la sorte jusqu'à ce que chaque groupe ait vu toutes les fiches.
- Vous pouvez ensuite prendre quelques fiches (celles où il y a eu beaucoup de corrections ou de contre-corrections par exemple) et proposer une correction collective.

Objectifs de l'unité

Dans cette unité, les élèves vont apprendre à échanger sur des habitudes, des styles de vie différents, à formuler des buts et des oppositions et à donner des conseils et des indications pratiques. Pour cela, ils abordent le vocabulaire des poids et des mesures en cuisine et ils revoient les parties du corps. Ils devront utiliser les articles partitifs et le pronom **en**. Ils verront également l'expression du but et l'expression de l'opposition. Finalement, ils utiliseront l'expression de l'hypothèse **si** + **imparfait** + **conditionnel**, ils verront aussi des expressions qui expriment la fréquence et la cause évidente.

La tâche finale consiste en la création, en groupe, d'une fiche pratique de bien-être.

MISE EN ROUTE

Demandez aux apprenants s'ils se sentent en forme. En cas de réponse positive, demandez aux apprenants comment ils font pour être en forme, en cas de réponse négative, demandez-leur ce qu'ils devraient faire pour l'être.

Je suis en forme parce que je fais du sport régulièrement.
Tu pourrais aller courir. Tu devrais manger plus de fruits.

Contenus

Communicatif	Grammaire	Lexique	Phonétique
▸ échanger sur des habitudes, des styles de vie différents ▸ parler de santé et de bien-être ▸ exprimer des buts et des oppositions ▸ donner des conseils et des indications pratiques	▸ les articles partitifs : **de la, du, des, de l'** ▸ le pronom **en** ▸ le but : **pour, afin de, dans le but de** ▸ l'opposition : **alors que, par contre, au contraire** ▸ **si + imparfait + conditionnel** ▸ la fréquence : **tous les…, chaque…, une fois par…** ▸ la cause évidente : **comme** et **vu que**	▸ l'alimentation ▸ les poids et les mesures ▸ les parties du corps ▸ le sport ▸ le sommeil	▸ les sons [p], [b], [v] et [f]

Notre projet final

Créer une fiche pratique de bien-être

 **Dans les bras de Morphée ou les yeux grands ouverts**

Bien dans mon assiette

OBJECTIF DE LA LEÇON 1

Échanger sur des habitudes, des styles de vie différents

OBJECTIFS SPÉCIFIQUES des activités de la double page

▶ parler de différents styles alimentaires
▶ familiariser les élèves avec le vocabulaire des poids et mesures pour la cuisine
▶ parler de son alimentation
▶ utiliser les articles partitifs
▶ utiliser le pronom complément **en**

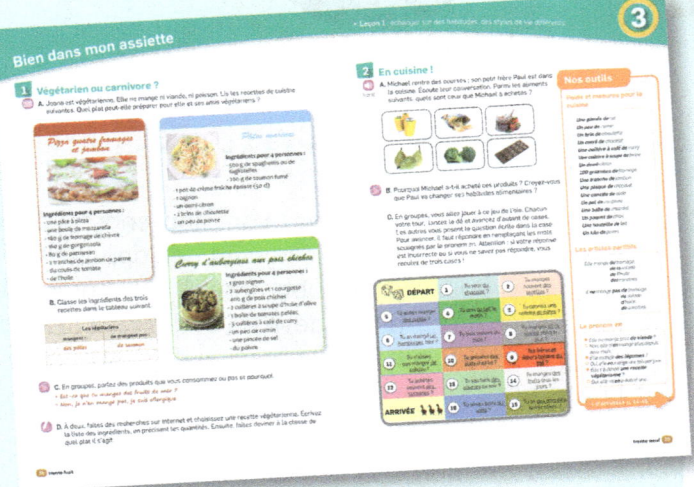

1. Végétarien ou carnivore ?

Objectifs de l'activité

Lire et comprendre des recettes de cuisine
Parler de son alimentation

Mise en route : Demandez à vos apprenants s'ils mangent de tout ou s'il y a des aliments qu'ils ne mangent pas.

Déroulement

A.

- À ce niveau, les apprenants ont déjà abordé le lexique des aliments. Toutefois, vous pouvez faire une révision avant d'aborder cette leçon.
- Demandez aux apprenants de former des groupes de 3 ou 4 élèves.
- Au tableau, écrivez une catégorie d'aliments, par exemple **les fruits**. Laissez une minute aux apprenants pour dresser la liste de fruits qu'ils connaissent. Faites une mise en commun. Un fruit = un point. Faites de même pour **les légumes**, **les produits laitiers**, **la viande**. Le groupe qui a le plus de points gagne.
- Une fois le lexique des aliments revu, commencez l'activité. Invitez vos apprenants à ouvrir le livre page 38 et à observer les images des recettes ainsi que leur titre. Demandez aux apprenants, par groupe de 3 ou 4, de déterminer quels aliments, vus précédemment, peuvent être nécessaires pour élaborer ces recettes.
  Pour faire des pâtes marines, il faut du poisson, des pâtes, de la crème fraiche, etc.
- Maintenant, invitez vos apprenants à lire les recettes de cuisine.

- Il s'agit d'une compréhension globale du texte. Afin de vérifier ce qu'ils ont déjà compris, dites-leur de comparer les ingrédients de la recette avec ceux qu'ils avaient proposés précédemment.
- Voyez quel groupe avait deviné le plus d'ingrédients.
- Invitez maintenant vos apprenants à relire les messages et à faire des hypothèses sur le sens des mots inconnus.
- Faites une mise en commun des hypothèses de signification puis montrez-leur une image de tous les ingrédients nécessaires sur chaque recette afin de vérifier leurs hypothèses. Vous pouvez préparer un diaporama des trois recettes. Sur chaque diapositive, mettez une photo du plat préparé et autour de ce plat, l'image de chaque ingrédient avec une légende « des spaghettis, du saumon fumé, de la crème fraiche, etc. »
- Commentez ensemble le résultat, en les félicitant quand leurs hypothèses sont justes.
- Invitez vos apprenants à lire l'énoncé de l'activité.
- Proposez aux apprenants de relire les recettes et de répondre à la question. Faites une mise en commun.

Corrigés

Elle peut préparer le curry d'aubergine aux pois chiches.

- Maintenant, invitez les apprenants à relever les quantités indiquées dans les recettes.
- Proposez-leur de déterminer les mesures précises (gramme, centilitre) et les quantités moins précises.

- Demandez-leur de trouver d'autres exemples pour chaque quantité les plus fréquentes :
  une tranche de pain, du coulis de fraise, 1 pot de mayonnaise, un peu de sel, 2 cuillères à soupe de lait, 1 boite de petits pois, 3 cuillères à café de sucre.
- Invitez maintenant vos apprenants à consulter la colonne *Nos outils* page 39 pour aborder d'autres quantités pour la cuisine.

B.

- Formez trois groupes (si la classe est nombreuse, formez six groupes). Attribuez une recette à chacun des groupes. Demandez à chaque groupe de réaliser l'activité et de déterminer ce que mangent et ne mangent pas les végétariens, pour chaque recette.
- Faites une mise en commun.
- Il s'agit pour les apprenants d'utiliser les articles partitifs. Observez, en groupe-classe, comment fonctionne les partitifs en s'appuyant sur les critères suivants : nombre et genre, phrase affirmative/négative.
- Invitez vos apprenants à vérifier leurs hypothèses en consultant la colonne *Nos outils* page 39 puis rendez-vous page 44 pour réaliser l'activité du point 1.

Corrigés

Les végétariens	
mangent :	**ne mangent pas :**
des pâtes, de la mozarella, du parmesan, du gorgonzola, des couchettes, des aubergines	*de saumon, de jambon*

C.

- Invitez vos apprenants à prendre connaissance de l'énoncé de l'activité. Demandez-leur ce que remplace le pronom **en** dans la réponse.
  « En » remplace « des fruits de mer ».
- Reportez-vous à la colonne *Nos outils* page 39 et lisez les exemples. Tirez la conclusion qui s'impose : le pronom **en** remplace un nom (masculin, féminin, singulier, pluriel) quand ce nom est accompagné de l'idée de quantité. Cette idée de quantité peut être représentée par un article partitif qui ne donne pas de précision :
  Elle mange des légumes ? Oui, elle en mange.
- Lorsque la quantité est indiquée, il faut la reprendre dans la réponse, après le verbe :
  Elle t'a donné une recette végétarienne ? Oui, elle m'en a donné une.
- Puis rendez-vous page 44 pour réaliser l'activité du point 2.
- Maintenant que vos apprenants connaissent le pronom **en**, pratiquez son utilisation en réalisant l'activité.

- Prévoyez une petite balle. Vous la lancez à un apprenant et vous lui demandez : **Est-ce que tu manges des aubergines ?** L'apprenant doit répondre en suivant la structure de l'exemple :
  Je n'en mange pas, je n'aime pas ça.
- Puis il lance la balle à un autre apprenant en lui posant la question : **Est-ce que tu manges XX ?** L'apprenant qui reçoit la balle répond et ainsi de suite jusqu'à ce que tous les apprenants se soient exprimés.

D.

- Invitez les apprenants à former des binômes. Proposez-leur de se rendre sur Internet afin de trouver une recette végétarienne. Vous pouvez leur proposer de se rendre sur le site suivant pour trouver une recette :
- ☛ http://www.750g.com/recettes_cuisine_vegetarienne.htm. Assurez-vous que les apprenants choisissent tous des recettes différentes.
- Ensuite, indiquez aux apprenants qu'ils vont devoir réaliser une bande dessinée pour expliquer la recette sur une feuille A3. Les apprenants peuvent dessiner eux-mêmes leur BD ou ils peuvent se rendre sur le site ☛ https://www.pixton.com/fr/ pour la créer en ligne gratuitement. Indiquez-leur de se rendre directement au niveau avancé, le site étant facile d'utilisation et la démarche très intuitive.
- Indiquez-leur qu'ils doivent omettre de préciser le plat dont il s'agit. Ils peuvent remplacer l'image du plat par un point d'interrogation. Demandez-leur de créer une étiquette avec le nom du plat et une photo, à part.
- Chaque apprenant vous donne cette étiquette. Vous les collez sur le tableau de la classe, par exemple.
- Lorsque les apprenants ont terminé de réaliser leur bande dessinée, ils présentent la recette à leur camarade. Une fois la présentation terminée, les autres apprenants doivent deviner de quelle recette il s'agit. Lorsqu'ils ont trouvé, les apprenants de la présentation collent l'image et le titre du plat sur la feuille.
- À la fin, vous pouvez réaliser un sondage auprès des apprenants pour qu'ils votent pour la meilleure recette. Demandez aux apprenants d'écrire leur recette préférée sur un petit papier. Une trousse vide peut faire office d'urne. Procédez au dépouillement. Vous pouvez afficher la bande dessinée des trois plats gagnants dans la classe.
- Vous pouvez poster toutes les recettes de la classe sur le blog de la classe s'il y en a un.

Pour aller plus loin

- Vous pouvez réaliser ce jeu de rôle dans lequel on fait les courses pour quelqu'un proposé par les Zexperts (téléchargement gratuit) : ☛ http://leszexpertsfle.com/ressources-fle/tu-peux-faire-les-courses-pour-moi/

3 Bien dans mon assiette

2. En cuisine !

Objectifs de l'activité
Parler des habitudes alimentaires
Écouter et comprendre un dialogue dont le sujet est le changement de style alimentaire

Mise en route : Demandez aux apprenants quels sont les aliments qu'ils ont l'habitude de consommer.

A. 🔊 Piste 07
- Invitez les apprenants à observer les images. Demandez-leur d'identifier la photo de chaque aliment.
- Maintenant, dites à vos apprenants qu'ils vont écouter un dialogue. Proposez-leur de lire l'énoncé afin de comprendre le contexte du dialogue, à savoir, le retour des courses de Michael.
- Écoutez le dialogue une première fois, demandez aux apprenants de marquer les aliments achetés par Michael.
- Faites la deuxième écoute, et demandez aux apprenants de repérer les raisons invoquées pour avoir acheté ces produits.
- Faites une mise en commun.

Corrigés

Il a acheté des brocolis, de la confiture à la fraise et du jus de citron pétillant.

Voir Transcriptions page 121 du livre.

B.
- Avec les apprenants, faites un brainstorming afin de revoir les expressions de l'opinion :
  À mon avis, je pense que, je trouve que, je crois que …
- Demandez quels sont les apprenants qui pensent que Paul va changer ses habitudes alimentaires. Faites deux groupes, en fonction de ceux qui pensent qu'il va changer et ceux qui croient que non. Si la classe est nombreuse, faites 4 groupes.
- Demandez aux apprenants de mettre en commun leurs raisons. Dites-leur qu'ils doivent parler le plus possible en français.
  Je crois qu'il va changer ses habitudes parce qu'il n'y a plus de produits gras chez lui.
- Ensuite, demandez à un apprenant de chaque groupe de discuter sur le sujet. Puis, s'il reste des arguments, à deux autres apprenants.
- À la fin de chaque dialogue, vous pouvez demander aux autres apprenants de corriger leurs camarades. Les apprenants qui font le dialogue suivant doivent prendre en compte ces corrections.

Corrigés

Michael veut instaurer une alimentation plus saine chez lui.
« C'est bon pour la santé. », « Tu devrais petit-déjeuner (…) pour te sentir plus en forme. », « C'est bon les fruits. (…) C'est plein de vitamines ».

C.
- Pour jouer au jeu, prévoyez un dé par groupe et un pion par joueur.
- Invitez les apprenants à prendre connaissance des règles du jeu. Assurez-vous de leur compréhension en faisant un tour pour l'exemple.
- Lors de ce tour pour l'exemple, vous pouvez lire chaque partie des règles du jeu et faire ce qui est indiqué.
- Par exemple : « vous lancez le dé », lancez le dé, annoncez le chiffre. « Avancez autant de cases », vous avancez autant de cases qu'indique le dé, etc.
- Faites des groupes de 3 ou 4 joueurs. Invitez les joueurs à jouer.
- Afin de gérer le temps, vous pouvez dire aux apprenants que le premier groupe qui a un gagnant continue de jouer jusqu'à déterminer le second et le troisième. Si des groupes mettent plus de temps à avoir un gagnant, il s'arrête quand un des joueurs gagne la partie.

Variante
- Invitez les apprenants à créer leur propre jeu de l'oie. Préparez les cases vides sur un support format poster de 50 cases.
- Faites cinq groupes. Demandez aux apprenants de créer 9 questions, par groupe, selon les quatre critères suivants : complément masculin, complément féminin, complément pluriel, phrase négative, quantité indiquée et une case « chance » (qui peut être de la chance pour le joueur, ou pour tous les autres joueurs) :
  Tu manges beaucoup de légumes ! Avance de 3 cases ou ton alimentation n'est pas équilibrée, retourne à la case départ !
- Une fois les questions créées, demandez aux groupes de les échanger afin de les corriger.
- Lorsque la rédaction des questions a été corrigée, proposez aux apprenants de venir écrire leurs questions sur le plateau de jeu.
- Pour jouer, si la classe est peu nombreuse, chaque joueur représente un pion. En cas de classe nombreuse, vous pouvez faire des groupes de 2 ou 3 joueurs qui se concertent pour donner la bonne réponse.

Pour en savoir plus
- Faire ses courses en France. Aujourd'hui, il est toujours possible d'acheter les produits frais au marché, mais les

Français sont aussi adeptes des AMAP (Associations pour le maintien d'une agriculture paysanne) destinées à favoriser l'agriculture paysanne et biologique qui a du mal à subsister face à l'agro-industrie.

- Le principe est de créer un lien direct entre paysans et consommateurs, qui s'engagent à acheter la production de celui-ci à un prix équitable et en payant par avance.
- Les Français fréquentent aussi les supérettes ou commerces de proximité pour faire de petits achats et les supermarchés ou hypermarchés pour faire des achats plus importants. Dans ces « grandes surfaces », il est possible d'acheter des fruits, des légumes, des laitages, de la viande et du poisson, mais aussi des produits ménagers et électroniques, des vêtements et des bijoux, des livres et des CD ou DVD... ce qui explique leur im-

mense succès depuis leur création dans les années 60. Carrefour a été créé en 1959 à Annecy et il est le pionnier du concept d'hypermarché en France. Aujourd'hui, c'est un groupe du secteur de la grande distribution, 3e mondial derrière les américains WalMart et Costco et il est présent en Europe, en Amérique du Sud et en Asie, ainsi que dans d'autres zones du monde sous forme de partenariat local. D'autres noms de supermarchés en France : Intermarché (avec Bricomarché), Auchan, Leclerc, Super U...

Bouge !

OBJECTIF DE LA LEÇON 2
Formuler des buts et des oppositions

OBJECTIFS SPÉCIFIQUES des activités de la double page

▸ parler des arts martiaux
▸ utiliser les expressions de but **pour, dans le but de, afin de**
▸ parler des sports collectifs et individuels
▸ exprimer l'opposition **mais, alors que, par contre, au contraire**

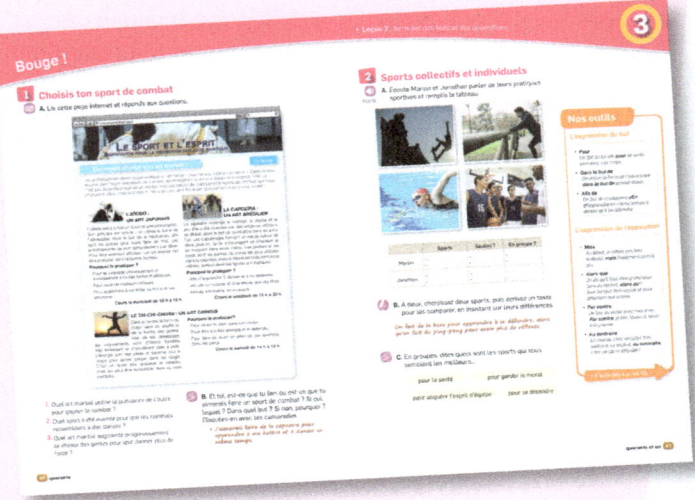

1. Choisis ton sport de combat

Objectifs de l'activité
Lire et comprendre un article sur le choix d'un sport de combat
Exprimer le but

Mise en route : Demandez à vos apprenants quels sports de combat ils connaissent. S'ils ne comprennent pas ce qu'est un sport de combat, vous pouvez donner un exemple pour commencer (le karaté) ou mimer le combat.

Déroulement
A.

- Demandez aux apprenants d'observer le document, en s'appuyant sur le paratexte : **Quel est le support de texte ?** Observez la bannière : **Quelle idée est mise en avant ? Quel est le but du texte ?**
  Le support du texte est une page Internet. L'idée mise en avant est que les sports de combat sont à la fois un sport et un esprit, c'est-à-dire un mode de vie. Le but du texte est de promouvoir les arts martiaux.
- Ensuite, demandez aux apprenants de lire l'introduction du texte. Par deux, demandez-leur de répondre aux questions suivantes : **Pourquoi pratiquer un sport de combat ? Qu'enseignent les sports de combat ? Quel est le but du texte ? Quand peut-on tester les sports proposés ?**
  On peut pratiquer un sport de combat pour ne pas avoir à s'en servir. Les sports de combat enseignent la paix et le respect. Le texte a pour but d'aider les gens à choisir un sport de combat. On peut tester les sports proposés quand on veut.

- Faite une mise en commun.
- Ensuite, formez trois groupes. Chaque groupe va lire la fiche d'un sport. Pour les aider, proposez-leur de compléter le tableau suivant :

	Aïkaido	Capoiera	Tai-Chi-Chuan
Origine du sport ?	*Japonaise*	*Brésilienne*	*Chinoise*
Quelle est la caractéristique principale de ce sport ?	*C'est un sport et une philosophie.*	*Il mélange le combat, la danse et le jeu.*	*La force du corps vient du souffle et de la fluidité des gestes.*
Qu'est-ce qu'on utilise pour pratiquer ce sport ?	*La force de l'adversaire.*	*Les jambes et les pieds, mais aussi la tête et les bras.*	*Tout le corps.*
Dans quels buts pratiquer ce sport ?	*- Pour se préparer physiquement et mentalement à toutes sortes d'attaques.* *- Pour avoir de meilleurs réflexes.* *- Pour apprendre à contrôler sa force et ses émotions.*	*- Afin d'apprendre à danser et à se défendre.* *- Afin de se muscler et améliorer son équilibre.* *- Afin de s'entraîner en musique.*	*- Pour se sentir bien dans son corps.* *- Pour être à la fois énergique et détendu.* *- Pour faire du sport en plein air.*
Quand peut-on le pratiquer ?	*Le mercredi de 18 h à 19 h*	*Le vendredi de 19 h à 20 h*	*Le samedi de 14 h à 15 h*

- Pendant que les élèves font l'exercice, passez dans les groupes pour leur expliquer le lexique qui pose problème.
- Lorsque les apprenants ont terminé de compléter le tableau, demandez à chaque groupe de présenter son sport. Vous pouvez compléter le tableau au fur et à mesure des réponses données. Invitez les apprenants à se demander le lexique entre eux.
- Finalement, proposez aux apprenants de lire toutes les fiches sport puis de répondre aux questions de l'activité en binôme.
- Faites une mise en commun au tableau.

Corrigés

1. L'aïkido.
2. La capoeira.
3. Le tai-chi-chuan..

- Maintenant, demandez aux apprenants de préciser ce qu'expriment les expressions **pour** et **afin de** qu'ils ont utilisées. Puis invitez-les à consulter la colonne *Nos outils* page 41 et ensuite rendez-vous page 44 pour approfondir leurs connaissances des connecteurs logiques qui expriment le but.

Pour en savoir plus

- Un art martial est un style de vie (on peut presque parler de philosophie) qui lie dimension spirituelle et physique. C'est une discipline dont les techniques de combat, avec ou sans arme, doivent être maîtrisées afin de développer la force et la souplesse de celui qui la pratique. C'est aussi une discipline qui suppose une dimension spirituelle puisqu'elle vise à la maîtrise de soi jusqu'à amener l'individu à un développement intellectuel et moral précis (afin de pouvoir renoncé au combat si celui-ci n'est pas nécessaire mais aussi être capable d'y faire face de manière efficace, s'il l'est).
- L'art martial désigne souvent dans le langage courant une discipline de combat asiatique. Cependant, en Europe, notamment en France, il existe des arts martiaux spécifiques à certaines régions ou cultures, par exemple, la lutte bretonne.

Pour aller plus loin
Les arts martiaux en Europe
La fédération des Arts Martiaux Historiques Européens (AMHE) est une fédération qui se consacre à l'étude et à la pratique des traditions martiales européennes éteintes. Elle a été créée en 2011. La Fédération Française des AMHE organise des reconstitutions d'arts martiaux de l'Antiquité au début du XXe siècle.

- Invitez les apprenants à visionner les deux premières minutes de la vidéo suivante : ☛ https://www.youtube.com/watch?v=JASwTWJEHiQ

- Puis demandez-leur de répondre, individuellement, aux deux questions suivantes :

1. Quelles disciplines allient les AMHE ?
Le sport et l'histoire

2. Quels sont les buts des AMHE ?
Se battre comme avant = pratiquer des sports de combat et faire de la recherche sur les sports de combat au long de l'Histoire.

- Faites une mise en commun puis invitez les apprenants à prendre connaissance de l'exercice suivant. Posez-leur des questions pour vérifier leur compréhension. Visionnez le reportage une seconde fois.

	Vrai	Faux
Les AMHE étudient les combats dans le monde au long de l'Histoire. *Justification : en Europe*		X
Quand il y a beaucoup d'armes à feu, on considère que ce ne sont pas des AMHE.	X	
Les AMHE étudient seulement les arts martiaux sans armes. *Justification : avec et sans armes*		X
Les AMHE sont une démarche sportive et intellectuelle.	X	
Les manuscrits médiévaux, grecs et latins peuvent être des sources directes	X	
Les images sont les sources principales des AHME. *Justification : ce sont des sources secondaires.*		X
L'étude des champs de batailles donne des informations sur les sports de combat.	X	

- Les apprenants comparent leurs réponses par groupes de 3 ou 4 puis la correction s'effectue à l'oral en grand groupe.

B.
- Demandez aux élèves de former des groupes de trois personnes puis de se demander s'ils pratiquent des sports de combat, lequel et dans quel but. Pour ceux qui n'en pratiquent pas, demandez de réfléchir si, maintenant qu'ils connaissent quelques sports de combat, ils aimeraient en pratiquer un, et pourquoi.

2. Sports collectifs et individuels

Objectifs de l'activité

Écouter et comprendre une conversation sur les sports pratiqués
Exprimer l'opposition

Mise en route : Demandez à vos apprenants s'ils préfèrent faire du sport seul ou en groupe, et leurs raisons.

Déroulement

A. 📀 Piste 08

- Demandez aux apprenants d'observer les images et de déterminer quels sont les sports dont on va parler : le skate, le jogging (la course à pied), la natation, le basket).
- Maintenant, dites à vos apprenants qu'ils vont écouter un dialogue. Faites une première écoute globale : **Combien de personnes parlent ? De quoi parlent-elles ?** Pour résumer, écrivez au tableau : **Combien ? Qui ? Quoi ?**
- Faites une mise en commun au tableau.
- Faites une deuxième écoute pendant laquelle les apprenants remplissent le tableau. Proposez aux apprenants de vérifier leurs réponses en les comparant avec celles de leur voisin.
- Faites une mise en commun au tableau.

Voir Transcriptions page 122 du livre.

Corrigés

	Sport	Seul ?	En groupe ?
Marion	- Skate - Natation	Natation	Skate
Jonathan	- Course - Basket	Course	Basket

- Attirez l'attention des élèves sur les dernières phrases de chaque personnage :
  Quand j'ai besoin de me détendre, je vais à la piscine, mais quand j'ai besoin de me défouler, je vais au skatepark.
  La course, c'est un sport solitaire. Le basket, au contraire, c'est un sport d'équipe.
- Demandez-leur ce qu'expriment **mais** et **au contraire**. Ils expriment l'opposition.
- Proposez aux apprenants de consulter la colonne *Nos outils* page 41 puis de se rendre page 44 pour approfondir leur connaissance sur les connecteurs logiques qui expriment l'opposition.

- Afin de pratiquer les expressions de but et d'opposition, proposez aux apprenants de réaliser l'activité 3 page 22 du cahier d'activités d'À plus 3.

B.

- Faites des groupes de 3 apprenants, proposez à chaque groupe de choisir un sport (prenez garde que les sports ne se répètent pas). Laissez entre 5 et 10 minutes à chaque groupe pour répertorier les caractéristiques de leur sport.
  Le foot, c'est un sport collectif. On fait du foot pour être rapide et adroit avec la balle.
- Ensuite, formez des binômes de groupes différents (vous pouvez faire les binômes vous-même pour vous assurer que les sports sont différents ou indiquez que les personnes qui ont choisi un sport collectif forment un binôme avec quelqu'un qui a choisi un sport individuel) et passez à la rédaction du texte.
- Demandez aux apprenants de comparer les deux sports en insistant sur les différences. Conseillez-leur, pour éviter les répétitions, d'utiliser des expressions d'opposition différentes. Dites-leur qu'ils peuvent se reporter à la colonne *Nos outils* de la page 41. N'hésitez pas à leur indiquer qu'ils peuvent écrire les caractéristiques d'un sport d'une couleur, et celles de l'autre, d'une couleur différente. Les apprenants peuvent illustrer leur sport avec un dessin.
- Demandez à vos apprenants de lire leur texte à la classe. Vous pouvez les afficher dans la classe ou les poster sur le blog de la classe s'il y en a un.

C.

- Formez quatre groupes. Demandez au premier groupe de déterminer quels sont les sports qui lui semblent les meilleurs pour la santé. Au deuxième groupe, les sports qui leur semblent les meilleurs pour garder le moral. Le troisième groupe détermine les sports qui lui semblent les meilleurs pour se détendre. Enfin, le dernier groupe indique les sports qui lui semblent les meilleurs pour acquérir l'esprit d'équipe.
- Demandez aux apprenants de faire une recherche sur Internet pour trouver ces sports.
- Indiquez aux apprenants qu'ils devront également donner une raison pour justifier pourquoi ils ont choisi chacun de ces sports.
  Le yoga est un bon sport pour se détendre parce qu'il aide à supprimer le stress.

Prends soin de toi

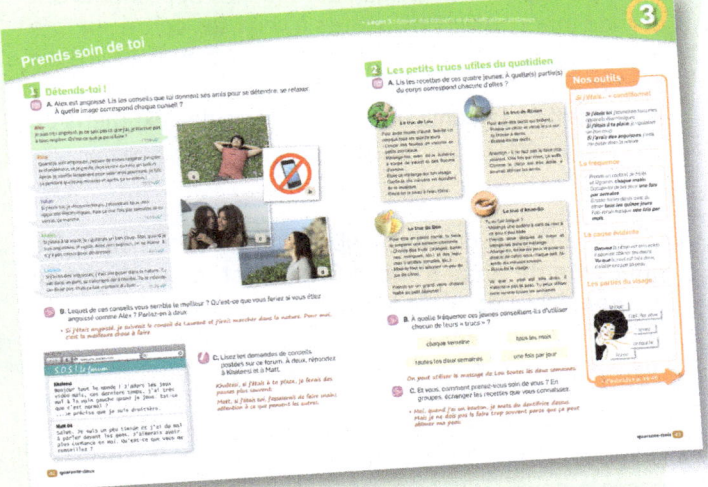

1. Détends-toi !

Objectifs de l'activité
Lire et comprendre des problèmes et ses solutions
Donner un conseil

Mise en route : Demandez à vos apprenants ce qu'ils font quand ils sont stressés.

Déroulement
A.

- Lisez le titre de l'activité. Expliquez aux apprenants ce que signifie **se détendre** et **être angoissé**. Ensuite, demandez aux apprenants d'observer les images de l'activité et proposez-leur de trouver une légende pour chaque photo, en binôme. Invitez-les à utiliser un dictionnaire au cas où ils auraient des lacunes de vocabulaire. Faites une mise en commun au tableau.

Corrigés

a) Allongé sur l'herbe
b) Portable interdit
c) Fou rire à la plage
d) Un grand bol d'air/Respire !

- Ensuite, invitez vos apprenants à lire les messages individuellement. Il s'agit de guider les apprenants vers une compréhension globale du texte. Pour cela, demandez-leur de s'aider du contexte et de s'appuyer sur les mots qu'ils connaissent déjà pour comprendre le sens global. Posez-leur quelques questions pour vérifier ce

qu'ils ont compris : **Quel est le problème d'Alex ?** *Il ne respire pas bien.* **De quelle manière respire Alice pour se sentir mieux ?** *Elle inspire profondément et lentement.* **Quels objets Yohan interdit-il l'utilisation pour se détendre ?** *Les appareils électroniques.* **Quel est le remède contre le stress pour Muriel ?** *Le rire* **Pour Laurent, où fait-il aller pour destresser ?** *Dans la nature, dans un parc.*

- Enfin, proposez aux apprenants de répondre à la question et faites une mise en commun.
- Invitez vos apprenants à observer la manière utilisée par Yohan, Muriel et Laurent pour donner un conseil.
- Demandez-leur d'identifier, par deux, la structure grammaticale, en déterminant les temps verbaux.
- Invitez les apprenants à vérifier leurs hypothèses grammaticales en consultant la colonne *Nos outils* de la page 43 puis rendez-vous à la page 45 pour réaliser l'activité du point 4.

Corrigés

a) Laurent / b) Yohan / c) Muriel / d) Alice

B.

- Demandez aux apprenants de discuter par deux du conseil qui leur semble le meilleur en suivant la structure grammaticale de l'hypothèse, comme dans l'exemple.
- En groupe-classe, déterminez quel conseil semble le meilleur à la classe en demandant aux élèves de s'exprimer en votant à main levée. Vous pouvez demander à quelques élèves de s'exprimer à voix haute.
- Vous pouvez aussi demander aux apprenants de dire ce qu'ils feraient s'ils étaient angoissés.

- Par deux, demandez-leur de créer un conseil qui n'a pas été donné par les amis d'Alex et de le rédiger sur une feuille de brouillon. Invitez les apprenants à s'échanger les feuilles pour se corriger. Lorsque les apprenants ont corrigé leur conseil, invitez-les à venir les écrire sur une feuille A3 où, préalablement, vous aurez écrit « Si j'étais angoissé ». Affichez la feuille en classe et invitez les apprenants à la consulter à l'approche des examens ou en cas de stress.

c.

- Invitez les apprenants à observer le document : **De quel type de texte s'agit-il ? Quel est le problème de Khaleesi ? Et celui de Matt ?**
  Il s'agit de deux messages différents sur un forum.
  Elle a mal à la main gauche quand elle joue aux jeux vidéo.
  Il est timide donc il ne parle pas beaucoup aux gens.
- Demandez aux apprenants de former 4 groupes. Proposez à deux groupes (1 et 2) de relire le message de Khaleesi et aux deux groupes (3 et 4) de relire le message de Matt 04. Invitez-les à faire un brainstorming pour donner des conseils à l'un et l'autre. Précisez-leur que l'important est de trouver des conseils, la rédaction viendra après. Par conséquent, dites-leur d'écrire leurs idées à l'infinitif. Proposez aux apprenants de vous demander le lexique manquant, écrivez-le au tableau pour que les autres puissent le noter également. Une fois que chaque groupe a autant de conseils que d'apprenants, demandez à chaque apprenant de choisir un conseil.
- Ensuite, dites aux apprenants de former des binômes (une personne du groupe 1 ou 2 avec une personne du groupe 3 ou 4) puis de rédiger, ensemble, le conseil.
- Invitez chaque apprenant à lire le conseil prodigué. Vous pouvez ensuite voter pour le meilleur conseil pour Khaleesi et le meilleur pour Matt.

Pour aller plus loin

- Proposez à vos élèves de remplir un portrait chinois, vous pouvez en trouver un exemple sur le PDF des jeux en FLE du Café du Fle, page 21 : ☞ http://www.lecafe-dufle.fr/wp-content/uploads/2011/06/Jeux-en-FLE.pdf
- N'hésitez pas à proposer à vos apprenants de créer leur propre portrait chinois.
- Vous pouvez aussi créer un livre de portraits chinois de la classe avec une illustration du portrait : ☞ http://www.profmichelle.com/2014/05/les-portraits-chinois-de-mes-eleves.html

2. Les petits trucs utiles du quotidien

Objectifs de l'activité
Donner des indications pratiques
Exprimer la fréquence et la cause évidente

Mise en route : Demandez aux apprenants s'il leur arrive de se soigner sans médicament. Par exemple, savent-ils ce qu'il est conseillé de prendre quand on a mal à la gorge ? Invitez-les à proposer quelques exemples : *Quand j'ai mal à la gorge, je bois du lait avec du miel.*

Déroulement
A.

- Proposez aux apprenants de revoir le lexique du corps humain. Pour cela, dessinez une silhouette au tableau, invitez les apprenants à faire de même sur leur cahier puis dites-leur qu'ils ont cinq minutes pour légender, par deux, cette silhouette. Ensuite, faites une mise en commun avec les noms de parties de corps humain que vous donnent les élèves. Finalement, complétez la légende si des parties importantes ont été oubliées
- Proposez aux élèves de se rendre à la page 45 *Nos outils* pour revoir le corps humain.
- Invitez les apprenants à lire les recettes des jeunes. Demandez-leur s'ils ont compris ce que signifie « truc ». (C'est une solution maison).
- Ensuite, demandez aux apprenants de prendre connaissance du tableau suivant et de le compléter par deux.

	Le truc de Lou	Le truc de Ronan	Le truc de Ben	Le truc d'Anne-So
Pourquoi faire ?	*Pour avoir moins d'acné*	*Pour avoir les dents qui brillent*	*Pour être en pleine forme*	*Pour ne pas avoir l'air fatigué*
Ingrédients	*Des feuilles de menthe, un yaourt, des flocons d'avoine*	*Un citron*	*Des fruits et des légumes, un citron*	*Du miel, de l'eau*
Fréquence (quand le faire ?)	*Tous les quinze jours*	*Une fois par mois*	*Chaque matin*	*Toutes les semaines*
À quelle partie du corps correspond la recette ?	*Le visage*	*Les dents*	*Tout le corps*	*Les yeux*

- Faites une mise en commun. Afin d'expliquer le vocabulaire des ingrédients, préparez des images illustrant chacun d'entre eux à projeter en classe.
- Invitez maintenant vos apprenants à relire le texte et à faire des hypothèses pour deviner le sens des mots qui leur sont inconnus.
- Commentez ensemble le résultat, en les félicitant quand leurs hypothèses sont justes.

B.

- Invitez les apprenants à lire les étiquettes. Demandez-leur de trouver, dans les recettes (ou dans le tableau précédemment complété), l'expression équivalente. Afin de vérifier leur réponse, proposez-leur de les comparer avec celles de leur voisin.
- Faites une mise en commun : *On peut utiliser le massage de Lou toutes les deux semaines, c'est-à-dire tous les quinze jours.*

Corrigés

Chaque semaine = Le truc de Ben
Tous les mois = Le truc de Ronan
Toutes les deux semaines = Le truc de Lou
Une fois par jour = Le truc d'Anne-So

- Demandez aux apprenants pourquoi on ne peut pas utiliser le truc de Ronan trop souvent. Et pourquoi, au contraire, on peut utiliser la recette d'Anne-So toutes les semaines.
- Demandez aux apprenants ce qu'expriment les connecteurs **vu que** et **comme**. Proposez-leur de consulter la page 44 *Nos outils* afin d'approfondir leurs connaissances sur les connecteurs de cause évidente.
- Vous pouvez les inviter à relire l'encadré sur les connecteurs logiques puis à réaliser l'activité du point 3.

C.

- Demandez aux apprenants de former des groupes de 3 ou 4, invitez-les à discuter sur les « trucs » qu'ils connaissent pour prendre soin d'eux.
- Pour les apprenants qui ne connaissent pas de trucs, invitez-les à se rendre sur les sites suivants et à sélectionner une astuce qui leur plait :
  - ☛ http://www.trucsdegrandmere.com/
  - ☛ http://www.grands-meres.net/
  - ☛ http://www.astucedegrandmere.com/
- Maintenez les groupes et invitez chaque apprenants à rédiger la recette et les conseils d'utilisation de la recette, en s'appuyant sur le modèle de recettes de l'activité.
- Bien que les apprenants rédigent chacun une fiche, ils peuvent compter sur leur groupe pour les aider au moment de rédiger.
- Une fois les fiches terminées, invitez les groupes à se les échanger pour corriger les éventuelles erreurs.
- Finalement, demandez à chaque apprenant de lire sa fiche à la classe.
- Vous pouvez ranger les fiches de chacun dans un classeur ou les lier toutes ensemble et les laisser à disposition de la classe.
- Vous pouvez poster toutes les fiches sur le blog de la classe s'il y en a un.

Nos outils

RÉCAPITULATIF DES POINTS GRAMMAIRE

- ▶ Les quantités non-précisées
- ▶ Le pronom **en**
- ▶ Les connecteurs logiques
- ▶ **Si** + **imparfait** + **conditionnel**
- ▶ Les parties du corps

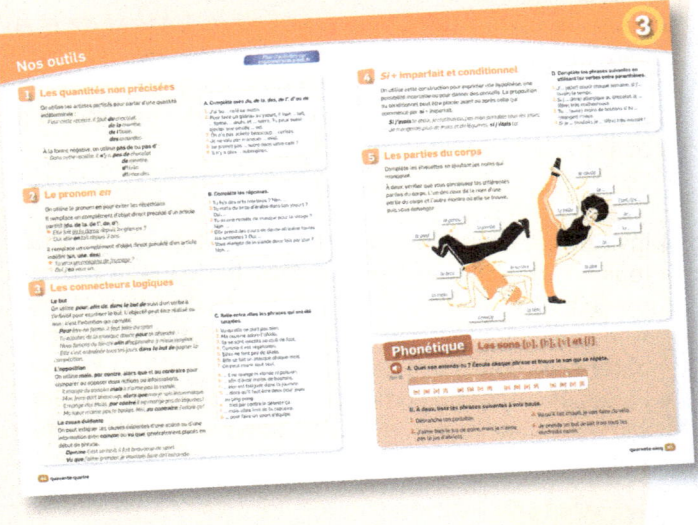

1. Les quantités non précisées

1. J'ai bu **du** café ce matin.
2. Pour faire un gâteau au yaourt, il faut **du** lait, **de la** farine, **des** œufs et **du** sucre. Tu peux aussi ajouter une pincée **de** sel.
3. On n'a pas achetée beaucoup **de** cerises.
4. Je ne vais pas manquer **de** miel.
5. Ne prenez-vous pas **de** sucre dans votre café ?
6. Il n'y plus **d'**aubergines

Voir Précis grammatical page 97 du livre.

2. Le pronom *en*

1. Tu fais des arts martiaux ? Non, **je n'en fais pas.**
2. Tu mets du sirop d'érable dans ton yaourt ? Oui, **j'en mets.**
3. Tu as une recette de masque pour le visage ? Non, **je n'en ai pas.**
4. Elle prend des cours de danse africaine toutes les semaines ? Oui, **elle en prend toutes les semaines.**
5. Vous mangez de la viande deux fois par jour ? Non, **je n'en mange pas deux fois par jour.**

Voir Précis grammatical page 100 du livre.

3. Les connecteurs logiques

1. c	**3.** g	**5.** f	**7.** d
2. e	**4.** a	**6.** b	

Voir Précis grammatical page 107 du livre.

4. Si + imparfait et conditionnel

1. J'**irais** courir chaque semaine, si j'**avais** le temps.
2. Si j'**étais** allergique au chocolat, je **serais** très malheureuse.
3. Tu **aurais** moins de boutons si tu **mangeais** mieux.
4. Si je **voulais**, je **serais** très musclé.

Voir Précis grammatical pages 102/103 du livre.

5. Les parties du corps

la joue / les yeux / le nez / la bouche / le cou.

Phonétique

La liaison

Objectif
Discriminer les sons [p], [b], [v] et [f]

Mise en route : Expliquez aux apprenants qu'ils vont travailler sur les sons [p], [b], [v] et [f].
Indiquez aux apprenants que les deux premiers phonèmes sont explosifs (occlusifs), c'est-à-dire qu'on ne peut pas maintenir leur prononciation, au contraire des deux autres phonèmes (fricatifs).
Prononcez les phonèmes l'un après l'autre, en exagérant la prononciation. Faites-les répéter à vos apprenants.

Déroulement
A. 🔊Piste 09
- Proposez aux apprenants de prendre connaissance de l'activité de phonétique page 45.
- Faites écouter une première fois l'audio.
- Effectuez une seconde écoute pendant laquelle les apprenants cochent la grille.
- Proposez aux apprenants de comparer leurs réponses.
- Faites une dernière écoute pour vérifier les réponses.
- Faites une mise en commun au tableau.
Voir Transcriptions page 122 du livre.

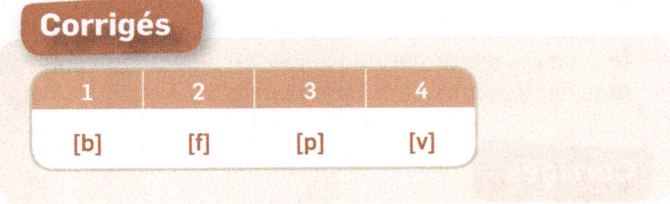

Corrigés

1	2	3	4
[b]	[f]	[p]	[v]

B.
- Faites écouter une fois de plus les phrases. Faites une pause après chaque phrase et demandez aux apprenants de les répéter en groupe-classe.
- Corrigez les apprenants sur leur prononciation du [v] :
[v] Si l'apprenant prononce [f] au lieu de [v], proposez-lui de prononcer le phonème [v] dans une phrase affirmative (intonation descendante). Proposez-lui de prononcer des mots qui contiennent une voyelle ouverte après le [v] tels que *vacances, avare, réveil, mauvais, grave, travail, élève.*
- Si l'apprenant prononce [b] au lieu de [v], proposez-lui de prononcer le phonème [v] dans une phrase interrogative (intonation montante). Proposez-lui de prononcer des mots qui contiennent une voyelle aiguë après le [v] tels que *ville, vue, vert, vingt, vicomte, victoire, vide, vidéo, village.*
- Maintenant, lisez lentement les phrases qui sont dans le livre. Demandez aux apprenants d'entourer d'une couleur différente chaque phonème qui est en train d'être travaillé. Ensuite, demandez aux apprenants de s'entraîner à lire les phrases, par deux. Passez dans la classe pour corriger les apprenants qui en ont besoin.
- Finalement, divisez la classe en deux et proposez à vos élèves une petite compétition de prononciation en équipe.
- Lisez une fois la phrase puis demandez à une des deux équipes de la prononcer. Procédez de la même manière pour la deuxième équipe.
- Attribuez un point à l'équipe qui a le mieux prononcé.
- Faites de même pour les autres phrases. Vous pouvez accélérer le rythme à chaque phrase.

Pour en savoir plus
Le son **[b]** se prononce les lèvres serrées, on relâche l'air d'un seul coup. Les cordes vocales vibrent.
Le son **[p]** se prononce les lèvres serrées, on relâche l'air d'un seul coup. Les cordes vocales ne vibrent pas.
Le son **[f]** se prononce avec les incisives qui touchent la lèvre inférieure, on laisse passer l'air.
Le son **[v]** se prononce avec les incisives sur la lèvre inférieure (à l'intérieur de la bouche), on laisse passer l'air. Les cordes vocales vibrent.

MAG.COM

Dans les bras de Morphée ou les yeux grands ouverts

OBJECTIFS
Parler du sommeil
Connaître des expressions idiomatiques sur le thème du sommeil

Présentation des documents :
▸ Des images en rapport avec le sommeil, dont la couverture d'une BD et un dessin illustrant la journée nationale du sommeil
▸ Un texte sur « Les jeunes en manque de sommeil »
▸ Des photos illustrant des expressions idiomatiques

Dans les bras de Morphée ou les yeux grands ouverts

Mise en route : Écrivez au tableau **Morphée**. Demandez aux apprenants s'ils savent qui c'est. *(Morphée est le dieu grec du sommeil et des songes, fils de Hypnos (le sommeil) et Nyx (la nuit)).* Demandez alors de deviner quel va être le thème du mag.com de l'unité. *Nous allons parler du sommeil.*

Il est probable que les apprenants ne connaissent pas le mot **sommeil** et qu'ils vous répondent que le thème va être **dormir**. Introduisez ce mot nouveau en leur expliquant que le sommeil est le fait de dormir. Vous pouvez aussi leur dire qu'**avoir sommeil** signifie **avoir envie de dormir**.

Déroulement
● Invitez les apprenants à observer le titre de la page 46. Demandez-leur ce que, d'après eux, signifie cette expression. *Être dans les bras de Morphée = dormir profondément.*
● Lisez avec les apprenants le texte introducteur et aidez-les à comprendre le sens des mots inconnus. Vérifiez qu'ils ont bien compris le sens du texte introducteur en leur posant quelques questions : **Combien de temps passe-t-on à dormir ? Pourquoi il est important de bien dormir ? Est-ce qu'il est facile de trouver le sommeil ? Qu'a-t-on créé pour rappeler l'importance de bien dormir ?**

On passe un tiers de notre vie à dormir. / Pour être en forme physique et psychologique. / Non, ça peut être une cause d'inquiétude. / La journée du sommeil.

● Invitez les apprenants à observer les images en binôme. Demandez à la moitié de la classe de traiter les images de gauche et à l'autre moitié, celles de droite. Suggérez-leur de les décrire et de trouver un adjectif qui pourrait qualifier le sommeil des personnages de chaque image.

Corrigés

Image 1 : Les personnages ont les yeux ouverts. On pourrait dire qu'il s'agit d'un sommeil anxieux. On pourrait dire que c'est le cauchemar de la personne qui dort.

Image 2 : Il est 3 heures du matin. Le personnage ne dort pas, il a les yeux grands ouverts. Il y a des moutons autour de lui. C'est un sommeil impossible à trouver.

Image 3 : La fille dort tranquillement. Elle est dans son lit, on peut voir un oreiller. C'est un sommeil paisible.

Image 4 : C'est l'affiche de la Journée nationale du sommeil, le vendredi 28 mars. On voit un animal (un paresseux) qui dort sur une branche et il dit : « Quelle belle journée ». On voit qu'il peut dormir où il veut. C'est un sommeil tranquille.

- Faites une mise en commun. Expliquez aux apprenants que les moutons sur l'image 2 sont une référence à l'expression *compter les moutons* qui vient d'un exercice, qui consiste à compter des moutons qui sautent une haie, pour trouver le sommeil.
- Maintenant, faites des groupes de 4 à 6 apprenants et demandez-leur de discuter sur leur sommeil. **Quelle image correspond le plus à leur façon de dormir ? Pourquoi ?**

Ma façon de dormir est celle de l'image 2. Je me couche à 22h mais je ne dors jamais avant 1h du matin.

- Faites un sondage à main levée pour voir quelle est la façon de dormir de vos apprenants.

Pour en savoir plus

Le Sommeil du monstre :
- *Le Sommeil du monstre*, publié en 1998, est le premier album de la Tétralogie du Monstre, une série de bandes dessinées, écrite, dessinée et mise en couleur par Enki Bilal. Source : ☞ https://fr.wikipedia.org/wiki/Le_Sommeil_du_monstre
- Si vous voulez travailler sur la BD, des fiches pédagogiques allant des niveaux A2 à B2 ont été créées : ☞ http://www.diplomatie.gouv.fr/fr/IMG/pdf/Scenario_Bilal.pdf

La Journée nationale du sommeil :
- La Journée nationale du sommeil a lieu en mars. Elle a été créée en 2000 par l'Institut National du Sommeil et de la Vigilance et a trois objectifs : sensibiliser le public, favoriser le dépistage et rappeler que des structures de soins existent lorsque le sommeil devient pathologique. Poursuivre la reconnaissance engagée des troubles du sommeil comme élément de santé publique.
- À cette occasion, des centres du sommeil ou structures spécialisées ouvrent leurs portes, avec la participation d'associations de malades et d'éducation pour la santé, pour accueillir, informer et sensibiliser le public sur les troubles et l'hygiène du sommeil. Source : ☞ http://www.institut-sommeil-vigilance.org/la-journee-du-sommeil

Ou les yeux grands ouverts

Mise en route : Au tableau, faites deux colonnes : « Ça m'aide à dormir » / « Ça m'empêche de dormir », faites un brainstorming avec les élèves pour compléter ces colonnes.

Déroulement
- Demandez à vos apprenants de lire l'encadré. Il s'agit d'une compréhension globale du texte. Pour cela, demandez-leur de s'aider du contexte et de s'appuyer sur les mots qu'ils connaissent déjà pour comprendre le sens global.
- Posez-leur des questions pour vérifier ce qu'ils ont compris : **Combien de temps dorment les jeunes en moyenne ? Combien de temps devraient-ils dor-**

mir ? Pourquoi le sommeil est-il indispensable ? Quel est l'impact du sommeil sur l'humeur ? Qu'est-ce qui empêche de bien dormir ? Qu'est-ce qui, au contraire, aide à dormir ? *7h37/8h24/Pour réfléchir, se concentrer et ne pas tomber malade./Bien dormir permet de gérer ses émotions et donc être de bonne humeur./L'usage intensif des écrans, les activités sportives tard le soir, le thé, le café./Faire du sport dans la journée, dîner léger, lire, se détendre.*

- Proposez aux apprenants, en groupe de 3, de faire une recherche sur Internet afin de déterminer quelles sont les habitudes de sommeil dans leur pays, combien de temps dorment les jeunes en moyenne, quel est le temps recommandé par les experts, quel est le pourcentage de jeunes qui souffrent d'insomnie (ou de troubles du sommeil).
- Pour guider les recherches des apprenants, il est conseillé que vous fassiez vous-même des recherches au préalable afin de leur présenter une liste de sites à consulter.
- Ensuite, demandez à vos apprenants de réaliser une infographie en s'aidant des sites en lignes suivants (en anglais) :
☞ http://piktochart.com/ (Présentation et tutoriel de piktochart : http://outilstice.com/2013/01/piktochart-creer-des-infographies-professionnelles/)
☞ http://www.easel.ly/

- Puis, projetez les infographies de vos apprenants en classe et demandez à chaque groupe de les présenter.
- Enfin, postez les infographies sur le blog de la classe s'il y en a un.
- Invitez les apprenants à lire les expressions en relation avec le thème du sommeil. Demandez-leur d'observer les images et d'associer chaque expression à une image. Faites une mise en commun.
- Par groupe de 2, demandez aux apprenants de trouver la signification de chaque expression, en les associant aux étiquettes en bas de page.
- Faites une mise en commun.

Corrigés

Compter les moutons = essayer de s'endormir sans succès.
Se coucher avec les poules = aller au lit très tôt.
Dormir comme un loir = dormir très bien.
Dormir à la belle étoile = dormir en plein air.

- Pour terminer, vous pouvez demander aux élèves quelles sont les expressions, dans leur langue, qui existent en relation avec le sommeil.

Notre projet final

Créer une fiche pratique de bien-être

OBJECTIFS

▶ Travailler en groupe sur la tâche finale : savoir écouter les autres, négocier, interagir, argumenter pour défendre son opinion, ses préférences
▶ Trier, organiser et présenter des informations
▶ Donner un conseil
▶ Parler du bien-être

Matériel

▶ Feuille A4 de différentes couleurs, crayons de couleur, feutres.

Déroulement par phases

Avant de commencer la phase 1, lisez les consignes en classe avec les apprenants et assurez-vous de leur compréhension. Dites-leur qu'ils vont devoir travailler en groupe et demandez-leur de choisir un secrétaire qui contrôlera le respect des consignes et le bon déroulement de la tâche. Si vous le jugez nécessaire, faites avec vos apprenants un récapitulatif rapide des ressources qu'ils devront mobiliser dans cette activité. Pour ce projet final, les apprenants doivent donner des conseils. Revoyez brièvement avec eux, grâce à un brainstorming par exemple, comment on peut donner un conseil en français. (L'impératif, **il faut que** + infinitif, **Tu devrais** + inf, **Tu pourrais** + inf). Vous pouvez aussi leur signaler où se trouvent, dans le livre, le lexique et la grammaire dont ils auront besoin. Expliquez aux apprenants qu'ils devront parler le plus possible en français pour se mettre d'accord entre eux.

PHASE 1 : Le choix du thème

● Formez des groupes de 3 apprenants puis demandez-leur de choisir un thème.
● Vous pouvez leur proposer ceux qui sont dans le livre (une activité physique, un soin pour le corps, des conseils d'alimentation, des astuces pour s'endormir plus vite), vous pouvez laisser les apprenants proposer d'autres thèmes, vous pouvez aussi leur en proposer d'autres s'ils manquent d'imagination tels qu'une activité relaxante, manger dehors et sain, être en forme toute la journée : les bons gestes du matin, bien dormir ou d'autres plus originaux, comme proposé dans le livre : avoir des amis, rire tous les jours...
● Une fois que chaque groupe a un thème, demandez aux apprenants de se mettre d'accord sur la couleur de la feuille en fonction des thématiques (sport, alimentation, corps, sommeil, forme).

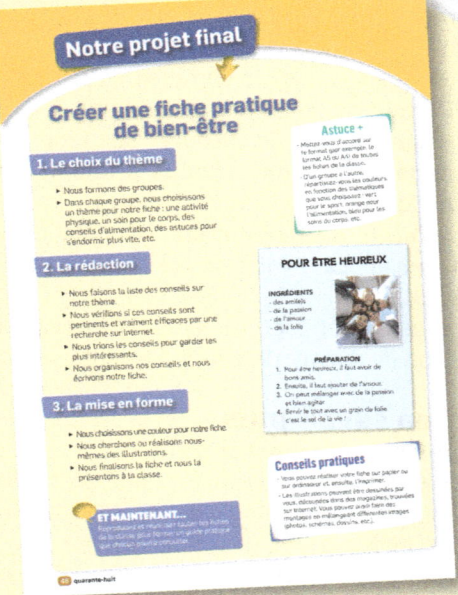

PHASE 2 : La rédaction

● Demandez à chaque groupe de trouver 5 conseils pour leur thème. Puis, proposez-leur de vérifier la pertinence de leurs conseils sur Internet.
● Ensuite, dites-leur de trier les informations recueillies pour ne garder que 3 ou 4 conseils par fiche. Conseillez-leur, pour plus de cohérence, de choisir une expression de conseil et de la conserver tout au long de la rédaction.

PHASE 3 : La mise en forme

● Dites à vos apprenants qu'ils peuvent réaliser une recette pour présenter leur fiche.
● Proposez aux apprenants d'illustrer chacun des conseils donnés, soit par des dessins, soit par des illustrations qu'ils recherchent sur Internet ou dans des magazines.
● Invitez tous les groupes à présenter à l'oral leur fiche pratique de bien-être.
● Vous pouvez former un jury avec les élèves. Pour cela, apportez des papiers en classe et une urne. Prévoyez une grille d'évaluation avec comme critères : soin et présentation, créativité, originalité, intérêt et une notation de 1 à 4 (1 étant le minimum).
● Prévoyez un diplôme ou une récompense pour les gagnants.
● Enfin, postez les fiches sur le blog de la classe s'il y en a un.

ET MAINTENANT...

● Vous pouvez classer les fiches des apprenants dans un grand classeur. Vous pouvez les ranger par thème. Apportez des intercalaires aux couleurs de celles qui identifient chaque thème. Demandez à quelques apprenants doués en dessin de les illustrer.

UNITÉ 3

LES MÉDECINS FARFELUS

15'

Matériel
- *Feuilles de papier, stylos*

Outils linguistiques
- *Si + imparfait, suivi du conditionnel*
- *Lexique de la santé*
- *Lexique de l'alimentation*
- *Lexique du sport*

Matériel : Une feuille à couper en 2 et un stylo par joueur

Nombre de joueurs : 4 ou plus

Temps : 15 minutes

Objectif général
Réviser de manière ludique les acquis de l'unité 3

Objectifs spécifiques
Faire des hypothèses avec si + imparfait + condition- nel
Utiliser le lexique de la santé, de l'alimentation et du sport

Déroulement
1. Demandez aux apprenants de s'asseoir en deux lignes parallèles, l'une en face de l'autre.
Désignez une ligne comme étant celle des malades ima- ginaires, c'est-à-dire des malades qui ont des maladies *inventées*, *imaginées*. Indiquez alors aux apprenants d'être créatifs et originaux dans leur choix de problème de santé.
L'autre ligne est les médecins farfelus. Expliquez aux apprenants que farfelus signifie *fous*, raison pour la- quelle leurs remèdes doivent être *excentriques*, *impro- bables*, *bizarres*, *insolites*.

2. Ensuite, demandez aux apprenants, qui sont les ma- lades, d'écrire des problèmes de santé sur leur papier en commençant par **si** + **imparfait**, (par exemple, *si j'avais mal au ventre*).

3. et 4. Ensuite, dites-leur de passer ce papier plié, de manière à ce que le médecin ne voie pas la maladie, pour que les apprenants qui sont médecins puissent y rédiger un remède au conditionnel (par exemple, *je me ferais un masque pour le visage*).

5. Ramassez les papiers, mélangez-les puis distribuez- les de nouveau aux apprenants « malades ». Invitez les apprenants à lire les symptômes et le remède à voix haute. Demandez aux apprenants leur avis sur ce conseil : Peut-il fonctionner ? Le suivrait-il ?

6. Une fois tous les papiers dépliés, inversez les rôles : les malades deviennent les médecins et les médecins, les malades.

Variante
Les malades écrivent un symptôme, selon la structure grammaticale demandée, **si** + imparfait et les médecins rédigent un remède en utilisant le conditionnel.
Ramassez les papiers des médecins, mélangez-les dans une boîte ; faites-en de même pour les symptômes des malades, dans une autre boîte.
Invitez un « malade » à piocher un symptôme et à le lire à voix haute, puis invitez un « médecin » à piocher un remède et à le lire à voix haute pour répondre au symp- tôme.
Voyez avec les apprenants si le conseil est bon, et si les apprenants le suivraient.
Finalement, recommencez les jeux en inversant les rôles.

Test

Teste tes connaissances !

Lis les phrases et choisis la bonne réponse. Puis compare avec un camarade.

1 Elle n'est pas du tout...

   a. curieux.

   b. curieuses.

   c. curieuse.

2 On habite au...

   a. premier étage.

   b. étage un.

   c. étage premier.

3 Mon colocataire est...

   a. un bavard garçon.

   b. un garçon bavard.

   c. un garçon bavarde.

4 Elles se sont...

   a. disputés.

   b. disputé.

   c. disputées.

5 On se connait...

   a. depuis deux ans.

   b. il y a deux ans.

   c. ça fait deux ans.

6 C'est mon meilleur ami, ...

   a. on ne se connait pas très bien.

   b. on s'entend très bien.

   c. on ne s'aime pas beaucoup.

7 On ... partir en vacances ensemble.

   a. pourrait

   b. pourraient

   c. pourriez

8 Et si on ... ?

   a. l'appeler

   b. l'appelait

   c. l'appelaient

9 C'est une fille ... j'ai rencontrée pendant les vacances.

   a. qui

   b. où

   c. que

10 C'est le village ... je vais tous les étés.

   a. qui

   b. où

   c. que

11 Il fait ... sport tous les jours.

   a. du

   b. de

   c. des

12 Les végétariens ne mangent pas...

   a. d'aubergines.

   b. de poisson.

   c. de fromage.

13 Tu manges des légumes ?

   a. Oui, je en mange.

   b. Oui, je mange en.

   c. Oui, j'en mange.

14 Tu pourrais m'acheter ... ?

   a. une tranche de chocolat

   b. une plaque/tablette de chocolat

   c. une cuillère de chocolat

15 Elle fait de la capoeira ... apprendre à se défendre.

   a. pour

   b. comme

   c. par contre

16 Je déteste aller la piscine ... j'adore nager dans la mer.

   a. vu que

   b. afin de

   c. alors que

17 Si j'étais toi, je ...

   a. ferai plus attention.

   b. ferais plus attention.

   c. ferait plus attention.

18 Elle va courir tous les samedis, elle court...

   a. une fois par mois.

   b. tous les jours.

   c. chaque semaine.

19 On a dormi...

   a. à la pleine lune.

   b. au grand soleil.

   c. à la belle étoile.

20 Bonne nuit ! Fais...

   a. de beaux rêves.

   b. de rêves beaux.

   c. des rêves beaux.

Note : ____ /20

Objectifs de l'unité

Dans cette unité, les élèves vont apprendre à décrire des espaces et des objets, écrire un synopsis, indiquer la manière de faire une action et exprimer des émotions. Pour cela, ils abordent le lexique de la localisation dans l'espace, de la description des objets et les prépositions de matière et des métiers du cinéma. Ils devront utiliser le gérondif et l'expression de la cause. Ils verront également des expressions telles que **avoir l'air (de)** et **faire semblant (de)**. Finalement, ils utiliseront les adverbes en –**ment** et l'expression de la manière **sans** + infinitif.
Ils découvriront des films français, notamment *Intouchables* et *La Famille Bélier.*
La tâche finale consiste en la réalisation, en groupe, d'un court-métrage.

MISE EN ROUTE
Demandez aux élèves quels films français ils connaissent. Demandez-leur de caractériser le cinéma français.

Contenus

Communicatif	Grammaire	Lexique	Phonétique
▶ décrire des espaces et des objets	▶ les prépositions de localisation : **au milieu, tout autour...**	▶ les vêtements et les accessoires	▶ la prosodie des émotions
▶ écrire un synopsis	▶ les prépositions de matière : **à, en, de**	▶ les métiers du cinéma	
▶ indiquer la manière de faire une action	▶ la cause : **à cause de, grâce à**	▶ les gestes	
▶ exprimer des émotions	▶ le gérondif	▶ les émotions	
	▶ **Avoir l'air (de), faire semblant (de)**		
	▶ les adverbes en –**ment**		
	▶ **sans** + infinitif		

Notre projet final

Réaliser un court-métrage

Courts-métrages : les festivals du film court

Plantons le décor

OBJECTIF DE LA LEÇON 1
Décrire des espaces et des objets

OBJECTIFS SPÉCIFIQUES des activités de la double page

▸ comparer des textes descriptifs et des images de scènes
▸ décrire une scène, décrire des objets
▸ se situer dans l'espace
▸ parler des vêtements et des accessoires

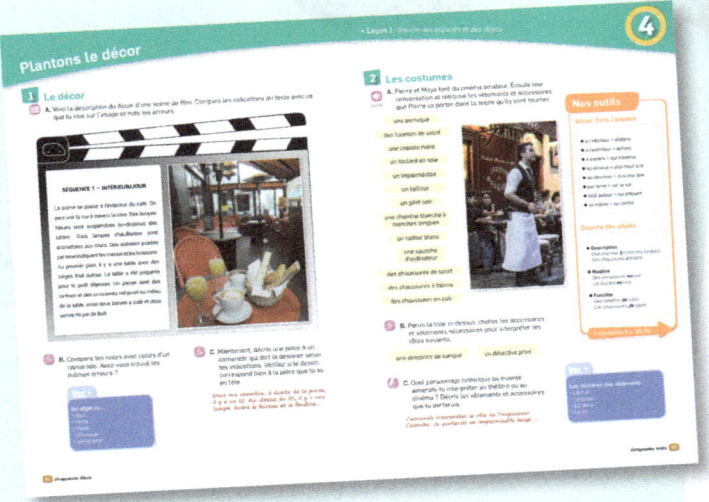

1. Le décor

Objectifs de l'activité
Lire et comprendre la description d'une scène
Connaître le lexique de la localisation dans l'espace

Mise en route : Faites un remue-méninges des prépositions de lieu : demandez à vos élèves d'écrire en une minute toutes les prépositions de lieu qu'ils connaissent. Ensuite, faites une mise en commun en demandant aux apprenants de mimer les prépositions qu'ils vous donnent, par exemple : lever la main droite quand ils disent « à droite », poser la main sur le bureau quand ils disent « sur », etc.
Notez les prépositions au tableau.
Si des prépositions essentielles ont été oubliées, notez-les au tableau avec les autres. Ajoutez celles qui sont dans le texte de l'activité A page 52 : *à l'extérieur, à travers, au-dessus, tout autour, au milieu de, entre* si elles n'ont pas été dites. Puis, formez des binômes et demandez aux élèves d'associer systématiquement un geste à chaque préposition. Expliquez-leur que le geste va les aider à mémoriser les prépositions.
Faites une mise en commun pour décider de la gestuelle que vous allez adopter pour toute la classe.

Déroulement
A.
- Pour commencer, demandez à vos apprenants, en s'appuyant sur l'image, de deviner ce qu'est **le décor.** S'ils ne trouvent pas, vous pouvez leur expliquer qu'il s'agit du lieu, de l'endroit où se passe une action.
- Ensuite, par deux, demandez aux apprenants de décrire la scène de l'activité. Vous pouvez d'ores et déjà leur donner le lexique suivant : au premier plan – au second plan (ou à l'arrière-plan). Indiquez aux apprenants qu'ils

doivent utiliser les prépositions de localisation vues précédemment.
- Faites une mise en commun.
- Proposez aux apprenants de lire la description du décor de la scène de film illustrée. Afin de vérifier la compréhension du texte, demandez à un élève de signaler « une lampe », « une lampe chauffante », « une ardoise ».
- Finalement, demandez aux apprenants de réaliser l'activité individuellement.

B.
- Demandez aux apprenants de comparer leurs notes avec celles de leur voisin et de compléter l'activité si des erreurs leur avaient échappées.
- Faites une mise en commun au tableau.

Corrigés

La scène se passe à l'intérieur d'un café.
Trois lampes chauffantes sont par terre.
Des ardoises accrochées au mur indiquent les menus et les boissons.
Il y a une table avec un siège.
Un panier avec des tartines et des croissants est posé à droite, sur la table, à côté de deux tasses à café.

- Afin que les apprenants connaissent plus de façons de se situer dans l'espace, invitez-les à consulter la colonne *Nos outils* page 53 où sont donnés des synonymes des prépositions de localisation vues jusqu'à maintenant. Puis, rendez-vous à la page 58 pour réaliser l'activité du point 1.

Pour aller plus loin

- Jeu : Préparez des cartes (16) avec les prépositions de localisation de la page 53.
- Faites des groupes de 8 personnes. Mettez, face cachée, 8 cartes au centre du groupe. Demandez au groupe de trouver un lieu de description (un restaurant, la salle de classe, une chambre, un salon, etc.). Le premier joueur tire une carte et commence à décrire la pièce en utilisant la préposition de localisation de la carte. Il passe ensuite sa carte au deuxième joueur. Celui-ci tire une carte également, répète la phrase du joueur 1 et ajoute une phrase à la description en utilisant la préposition de sa carte.
- Les autres apprenants doivent être vigilants et s'assurer que le groupe qui est en train de jouer répète les phrases dans le bon ordre, sans erreur, et emploie la préposition de localisation correctement.
- Quand le groupe 1 a fini sa partie, le groupe 2 joue. Le groupe qui fait le plus de phrases gagne la partie.
- Si la classe est nombreuse, faites 3 groupes. Deux groupes jouent, le troisième s'assure du bon déroulement de la partie. Puis, tournez les groupes.
- Si vous faites 4 groupes, deux apprenants jouent, les deux autres sont les arbitres, puis vous inversez les rôles.

- Finalement, demandez aux apprenants d'observer l'encadré « Voc+ ». Expliquez-leur la signification de chaque matière en montrant dans la classe un objet de cette matière. Par exemple, montrez un stylo et dites : *C'est un stylo en plastique.* Insistez sur la préposition **en** pour indiquer la matière. Si, dans la classe, il n'y a pas d'objet pour toutes les matières, apportez-en.
- Lorsque les apprenants ont compris la signification de chaque matière, demandez-leur de trouver dans l'image, un objet en bois *(le sol, le panier)*, en verre *(le verre, les vitres)*, en métal *(la cuillère)*, en porcelaine *(la tasse)*.

Variante

- Préparez des images à projeter et demandez aux apprenants de dire ce que c'est et la matière. Vous pouvez faire un nuage d'images et demandez aux apprenants de former des groupes de 2 ou 3. Le groupe qui termine le premier gagne.
  Exemples : *une cuillère en bois, une armoire en bois, un jouet en plastique, un verre en plastique, un pot en verre, une bouteille en verre, une assiette en porcelaine, un plat en porcelaine, des ciseaux en métal, une chaise en métal, etc.*

C.

- Lors du cours précédent, dites aux apprenants qu'ils devront apporter une photo de leur chambre. Ils peuvent aussi imaginer une pièce.
- Demandez aux apprenants de former des binômes. Vous pouvez leur demander de prendre une feuille blanche et des crayons de couleur. Un apprenant décrit à son camarade sa chambre ou la pièce qu'il a imaginée, selon le point de vue de la photo. Le second dessine selon les indications. À la fin, dites aux apprenants de juxtaposer la photo et le dessin. Puis, inversez les rôles.
- Vous pouvez accrocher les cinq dessins et leurs photos les plus ressemblants.
- Postez tous les dessins et leurs photos sur le blog de la classe, s'il y en a un.

2. Les costumes

Objectifs de l'activité
Parler des costumes et des accessoires
Décrire des objets (description, matière, fonction)

Mise en route : Pour préparer l'activité, vous pouvez lire le lexique de la page 53 avec les élèves. Vous pouvez leur demander la signification de chaque mot. Si un apprenant connaît un mot, il peut venir le dessiner au tableau. Dans le cas où les apprenants ignorent la signification d'un mot, expliquez-le en le dessinant ou si cet objet est présent dans la classe, en le désignant. Vous pouvez aussi donner une définition, en français, si c'est nécessaire.

Déroulement
A. Piste 10
- Invitez les apprenants à observer l'image pour savoir quel est le rôle de Pierre. *Il va être serveur.* Demandez à vos apprenants de déterminer, en binôme, quels sont les accessoires de la colonne de gauche dont il pourrait avoir besoin.
- Maintenant, dites à vos apprenants qu'ils vont écouter un dialogue. Proposez-leur de lire l'énoncé afin de comprendre le contexte du dialogue, à savoir, les vêtements et accessoires que Pierre va porter.
- Écoutez le dialogue une première fois, demandez aux apprenants d'entourer les vêtements et accessoires que Pierre va porter.
- Faites une mise en commun et vérifiez si les apprenants avaient deviné la tenue de Pierre.

Voir Transcriptions page 122 du livre.

Corrigés

Il va porter une cravate noire, une chemise blanche à manches longues, des chaussures de sport, un gilet, un tablier blanc.

- Demandez aux apprenants de consulter la colonne *Nos outils* afin de savoir comment on décrit des objets. Puis rendez-vous à la page 58 pour réaliser l'activité du point 2.

B.

- Formez des groupes de 3 ou 4 et invitez-les à discuter pour savoir quels vêtements et accessoires sont nécessaires pour être une directrice de banque et un détective privé.

  Si je devais interpréter une directrice de banque, je mettrais … .

- Puis, demandez aux élèves de quels autres accessoires ou vêtements pourraient avoir besoin une directrice de banque ou un détective privé. Proposez-leur de chercher les mots inconnus dans le dictionnaire.

- Faites une mise en commun, notez le vocabulaire que les apprenants ont cherché au tableau.

C.

- Demandez aux apprenants de réfléchir à un personnage historique ou inventé qu'ils aimeraient interpréter au théâtre ou au cinéma. Puis, demandez-leur d'écrire les vêtements et les accessoires qu'ils porteraient en s'appuyant sur l'exemple du livre. Dites-leur qu'ils doivent indiquer, chaque fois que cela est possible, la matière, la couleur, la description (à manches longues, à talons, etc.).

- Vous pouvez demander aux apprenants de faire un collage pour illustrer leur personnage. Dites-leur de découper une photo de leur tête puis d'ajouter les vêtements et accessoires nécessaires, en les découpant dans des magazines.

- Finalement, vous pouvez demander à chaque apprenant de présenter sa description.

- Les apprenants peuvent former un jury et voter pour la présentation qu'ils ont le plus aimée.

- Vous pouvez établir les critères suivants pour le vote : l'originalité de la présentation, la clarté du discours, l'exhaustivité des vêtements et accessoires, etc. Prévoyez alors des petits papiers pour chacun et une urne (un chapeau ou une boite vide peuvent faire l'affaire).

- Vous pouvez afficher la (ou les trois premières) présentation(s) gagnante(s) en classe.

- Postez toutes les présentations sur le blog de la classe, s'il y en a un.

Moteur !

OBJECTIF DE LA LEÇON 2
Écrire un synopsis et connaître les métiers du cinéma

OBJECTIFS SPÉCIFIQUES des activités de la double page

- lire et comprendre des synopsis
- écrire un synopsis
- parler des métiers du cinéma
- exprimer la cause
- utiliser le gérondif pour exprimer la manière

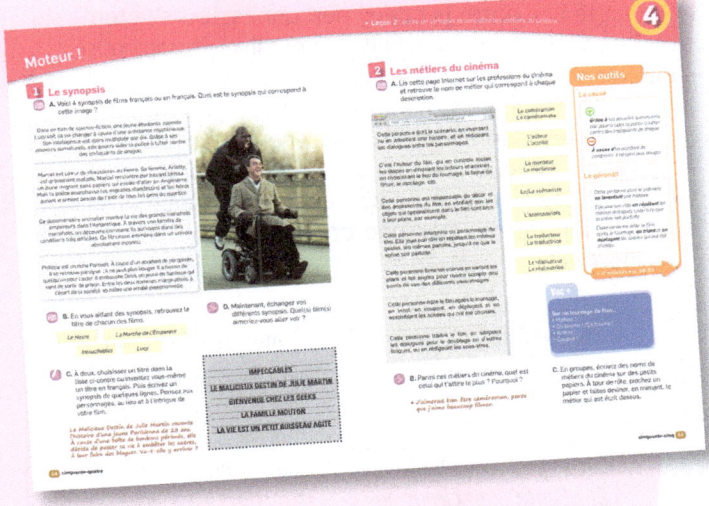

1. Le synopsis

Objectifs de l'activité

Lire et comprendre un synopsis
Connaître des films français
Écrire un synopsis
Exprimer la cause : à cause de, grâce à

Mise en route : Demandez aux apprenants ce qu'est un synopsis. S'ils ne connaissent pas le mot, dites-leur que c'est ce que nous proposent les pages Internet ou brochures de cinéma pour présenter un film. *C'est un résumé du film.* Demandez-leur quels peuvent être les éléments que l'on trouve dans un synopsis. *Le genre du film, l'intrigue, le lieu, le temps, etc.*

Pour en savoir plus

Lors du tournage d'une scène, le réalisateur dit « moteur ! » pour demander aux techniciens de faire fonctionner les caméras et l'enregistreur de son. Une fois que ces machines sont prêtes, le preneur de son répond : « Ça tourne ! ». Le réalisateur indique aux acteurs qu'ils peuvent commencer à jouer par « action » et demande l'arrêt de la scène par « coupez ! » ou « ça coupe ! ». (voir encadré « Voc + »)

Déroulement

A.

- **Intouchables** est une comédie française d'Olivier Nakache et Éric Toledano, sortie en France en novembre 2012 avec François Cluzet (*Les Petits Mouchoirs*) et Omar Sy. Le film raconte l'histoire des personnages que tout oppose. D'une part, Philippe, riche Parisien paraplégique et d'autre part, Driss, jeune de banlieue qui sort de prison. L'histoire professionnelle entre les deux hommes se transforme vite en histoire d'amitié unique. Le film a remporté de nombreux prix, notamment le Goya du Meilleur Film Européen en 2013 et a été nominé 9 fois aux Césars du cinéma en 2012, mais n'a remporté que le César du Meilleur Acteur pour Omar Sy.

- **Le Havre** est un drame finlandais-allemand-français, tourné en français, sorti en décembre 2011. Il raconte l'histoire de Marcel Marx, ex-écrivain, désormais cireur de chaussures et exilé au Havre. Il mène une vie tranquille jusqu'au jour où il rencontre Idrissa, jeune migrant clandestin qui tente de rejoindre l'Angleterre. Marcel tente de l'aider à retrouver sa mère de l'autre côté de la Manche. Il lutte pour défendre l'enfant contre la police mais aussi l'indifférence de ses voisins. En même temps, Marcel doit faire face à la maladie de sa femme Arletty qui tombe gravement malade.

- **La Marche de l'empereur** est un documentaire français, sorti en 2005, réalisé par Luc Jacquet. Le documentaire narre, à la première personne, la survie des manchots empereurs en Antarctique, en se focalisant, notamment, sur un couple de manchots et leur petit. Le long-métrage a reçu de nombreuses récompenses, dont l'Oscar du Meilleur Long Métrage Documentaire en 2006.

- **Lucy** est un film de science-fiction français, de langue anglaise, réalisé en 2014 par Luc Besson, avec Scarlett Johansonn et Morgan Freeman. Le film raconte ce qui arrive à Lucy, qui après avoir pris une drogue expérimentale, développe ses capacités intellectuelles à l'infini... Le film a rencontré un large succès en France et à l'étranger auprès des spectateurs.

- Demandez aux apprenants d'observer l'image de l'activité. Demandez-leur s'ils connaissent ces personnages, s'ils connaissent le film. Invitez-les à décrire l'image en binôme. Invitez les apprenants à observer plus précisément le lien entre les deux personnes, leurs vêtements, leur condition sociale. Faites une mise en commun.
- Divisez la classe en 4 groupes. Attribuez un synopsis à chaque groupe. Demandez à chaque groupe de le lire. Invitez les apprenants à chercher les mots inconnus dans un dictionnaire.
- Demandez aux apprenants de remplir le tableau ci-dessous afin de réaliser une compréhension détaillée du synopsis.

	Synopsis 1	Synopsis 2	Synopsis 3	Synopsis 4
Genre du film	Science-fiction	Drame	Documentaire	Comédie
Personnages (caractéristiques)	Lucy : étudiante	Marcel : cireur de chaussures Arletty : femme de Marcel, malade Idrissa : migrant	Famille de manchots empereur	Philippe, riche Parisien, paralysé. Driss : jeune de banlieue.
Élément déclencheur	Une substance mystérieuse.	Rencontre entre Marcel et Idrissa	Une famille de manchots	Philippe embauche Driss.
Intrigue	Lucy aide la police à lutter contre des trafiquants de drogue, grâce à ses pouvoirs.	Marcel aide Idrissa à aller en Angleterre	On découvre comment les manchots survivent	La naissance de l'amitié entre Philippe et Driss.
Où se passe le film ?	X	Au Havre	En Antarctique	À Paris

- Quand les apprenants ont terminé de remplir leur partie de tableau, invitez-les à lire les autres synopsis.
- Puis, faites une mise en commun au tableau. Chaque groupe rend compte de sa lecture aux autres groupes, en remplissant le tableau. Invitez les apprenants à se demander mutuellement le vocabulaire inconnu.

- Finalement, invitez les apprenants à répondre à la question de l'activité en groupe-classe.

Corrigés

L'image correspond au synopsis numéro 4.

- Invitez vos apprenants à observer les deux phrases suivantes :
  Grâce à ses pouvoirs surnaturels, elle pourra aider la police à lutter contre des trafiquants de drogue.
  À cause d'un accident de parapente, il ne peut plus bouger.
- Demandez aux apprenants quelle locution prépositive (préposition) exprime une cause positive **grâce à**, et laquelle exprime une cause négative **à cause de**.
- Puis invitez les apprenants à se rendre à la page 58 pour réaliser l'activité du point 3.

B.

- Invitez les apprenants à lire les étiquettes des titres de film et à retrouver quel titre correspond à chaque synopsis. Invitez les apprenants à vérifier leur réponse en les comparant avec celles de leur voisin.
- Faites une mise en commun.

Corrigés

1. Lucy
2. Le Havre
3. La Marche de l'Empereur
4. Intouchables

- Faites un sondage dans la classe pour connaître les goûts de vos apprenants. Dites-leur de voter pour le film qu'ils aimeraient voir. N'hésitez pas à diffuser la bande-annonce du film préféré de la classe.
  Intouchables : ☞ https://www.youtube.com/watch?v=cXu2MhWYUuE
  Le Havre : ☞ https://www.youtube.com/watch?v=lc5CKivSj0o
  La Marche de l'Empereur : https://www.youtube.com/watch?v=FFIwYWUp8MY
  Lucy : ☞ https://www.youtube.com/watch?v=7gPrNpHaFX8 (V.F.) / ☞ https://www.youtube.com/watch?v=uYZDo-RBVeY (VOSTFR)

C.

Pour en savoir plus

- Les films proposés sont inspirés de films qui existent réellement.
- Impeccables : *Intouchables*.

- Le malicieux destin de Julie Martin : *Le Fabuleux destin d'Amélie Poulain.* ☞ http://www.allocine.fr/film/fiche-film_gen_cfilm=27063.html
- Bienvenue chez les Geeks : *Bienvenue chez les Ch'tis.* ☞ http://www.allocine.fr/film/fichefilm_gen_cfilm=126535.html
- La Famille Mouton : *La Famille Bélier.* ☞ http://www.allocine.fr/film/fichefilm_gen_cfilm=214860.html
- La vie est un petit ruisseau agité. *La vie est un long fleuve tranquille* ☞ http://www.allocine.fr/film/fichefilm_gen_cfilm=3130.html

- Avec vos apprenants, lisez les titres proposés sur l'affiche. Aidez-les à comprendre le lexique qu'ils ne connaissent pas.
- Invitez les apprenants à se mettre en binôme et à choisir un des titres de films proposés. Vous pouvez aussi leur proposer d'inventer leur propre titre de film.
- Puis, dites aux apprenants de rédiger le synopsis du film choisi. Vous pouvez leur conseiller de faire le brouillon de la rédaction en suivant les entrées du tableau du point A.
- Lorsque les apprenants ont rempli ce tableau, invitez-les à rédiger leur synopsis sur ordinateur. Proposez aux apprenants de choisir une police de caractères qui illustre le film.

D.
- Proposez aux apprenants de présenter leur film à l'oral. Laissez les autres donner leur avis sur le film : *J'aimerais aller voir ce film parce que j'adore les films d'horreur./Ce film ne m'intéresse pas parce que je n'aime pas la science-fiction.*
- Vous pouvez proposer aux apprenants de dessiner cinq étoiles en bas de leur synopsis et demandez au groupe-classe d'établir une note selon que le film les intéresse ou pas. Coloriez les étoiles correspondantes à la note.
- Vous pouvez accrocher les cinq synopsis qui ont la meilleure note dans la classe.
- Vous pouvez les poster tous sur le blog de la classe s'il y en a un.

2. Les métiers du cinéma

Objectifs de l'activité
Connaître les métiers du cinéma
Exprimer la manière en utilisant le gérondif

Mise en route : Demandez aux apprenants quels métiers du cinéma ils connaissent déjà. Notez-les au tableau. Vous pouvez aussi demander aux apprenants de proposer une définition de chaque métier mentionné.

Déroulement
A.
- Invitez les élèves à lire le texte individuellement. Il s'agit d'une compréhension globale. Aidez vos élèves à prendre conscience que l'on peut accéder au sens global d'un texte sans connaître la signification de certains mots. Posez-leur des questions pour vérifier ce qu'ils ont déjà compris : **Définition 1 : Que fait cette personne ? Qu'est-ce qu'elle écrit ?** *Elle écrit. Elle écrit les dialogues, le scénario.* **Définition 2 : Qu'est-ce que contrôle cette personne ?** *Elle contrôle tout.* **Définition 3 : De quoi est responsable cette personne ?** *Elle est responsable du décor et des accessoires.* **Définition 4 : À qui donne vie cette personne ?** *Elle donne vie à un personnage.* **Définition 5 : De quel objet a besoin cette personne pour faire son travail ?** *Elle a besoin d'une caméra.* **Définition 6 : Quand cette personne intervient-elle sur le film ?** *Elle intervient après le tournage.* **Définition 7 : Pourquoi cette personne doit parler plusieurs langues ?** *Parce qu'elle traduit le film.*
- N'hésitez pas à écrire les mots-clés au tableau puis, invitez les apprenants à réaliser l'activité, en binôme, en s'appuyant sur le lexique qu'ils connaissent déjà et les mots-clés établis précédemment.
- Faites une mise en commun en groupe-classe.

Corrigés

1. Le/La scénariste
2. Le réalisateur/La réalisatrice
3. L'accessoiriste
4. L'acteur/L'actrice
5. Le caméraman/La caméramane
6. Le monteur/La monteuse
7. Le traducteur/La traductrice

- Demandez aux apprenants de trouver dans la définition proposée : **Comment fait le scénariste pour écrire le scénario ?** *En inventant ou en adaptant une histoire, en rédigeant les dialogues.* **Comment le réalisateur contrôle le film ?** *En dirigeant les acteurs et actrices, en choisissant le lieu de tournage.*
- Demandez-leur ce qu'exprime **en** + verbe en **–ant** (le gérondif) : *Il exprime la manière.*
- Ensuite, invitez les apprenants à consulter la colonne *Nos outils* page 55 et à tirer les conclusions nécessaires : Le gérondif exprime la manière. Il se forme avec **en** + verbe en **–ant** (participe présent). Le participe présent se construit de la manière suivante : on trouve le radical du verbe grâce à sa conjugaison à la deuxième personne du pluriel du présent de l'indicatif, on retire la terminaison **–ons** et on ajoute **–ant**.
- Finalement, proposez aux apprenants de se rendre à la page 58 pour réaliser l'activité du point 4

Pour aller plus loin

Retrouvez une présentation du vocabulaire du cinéma et un test de vocabulaire sur la Boite à FLE : ☞http://laboiteafle. blogspot.com.es/2015/05/le-cinema-b1.html

B.

- Proposez aux apprenants de discuter, en groupe de 3 ou 4, des métiers du cinéma qui les attirent le plus en suivant la structure du livre : *J'aimerais être caméraman parce que j'aime beaucoup filmer.*
- Invitez-les à consulter le dictionnaire en cas de besoin.
- Passez dans la classe pour écouter les apprenants, les aider et les corriger si nécessaire.
- En groupe-classe, demandez aux apprenants qui aimeraient être caméraman d'énoncer les raisons, vous pouvez les écrire au tableau. Puis passez à l'acteur/actrice, etc.

C.

- Demandez aux apprenants de former des groupes de 7 et de préparer des petits papiers avec les noms des métiers du cinéma. Puis, une personne du groupe pioche un papier pour mimer ce qui est écrit dessus. La personne qui le devine pioche un papier à son tour et mime le métier. Si la personne qui devine le métier a déjà fait les mimes, elle désigne une personne qui ne l'a pas encore fait.

Variante

Le Time's up du cinéma

- Dites aux apprenants de préparer des petits papiers (2 par personne) avec tout le lexique vu jusqu'à maintenant (les métiers, les accessoires, les verbes, le titres des films, etc.).
- Réunissez les fiches, formez des groupes de 3 ou 4 apprenants.
- Au tableau, faites un tableau comme suit pour compter les points :

	GROUPE 1	GROUPE 2	GROUPE 3
Définition			
Un mot			
Mimes			

- Le jeu se joue en 3 manches (définition, un mot, mime) et toujours avec les mêmes petits papiers.

1. Dites à une personne du groupe 1 de venir et de piocher un papier. Il fait deviner le mot, en donnant une définition, qui est sur le papier à son groupe. Par exemple, si le mot est caméra : *C'est l'objet qu'utilise le caméraman pour filmer.* Pendant ce temps, une personne d'un autre groupe contrôle le temps, laissez par exemple 60 secondes pour le tour des définitions.

Si la personne ne sait pas définir le mot ou si son groupe ne trouve pas, il est possible de passer à un autre mot.
Lorsque les 60 secondes se sont écoulées, comptez un point par mot défini et trouvé par les autres membres du groupe.
2. Passez à la manche 2. Mélangez à nouveau tous les papiers. Indiquez aux apprenants que cette fois ils pourront dire un seul mot pour faire deviner à leur camarade le mot du petit papier (par exemple, si ce qui est sur le papier est *La Marche de l'Empereur* : manchot). Laissez 30 secondes pour cette manche, précisez aux apprenants que lorsqu'une proposition a été faite, soit c'est correct, soit le joueur qui s'exprime doit passer à un autre mot. Un point = un mot deviné.
C'est ensuite au groupe suivant de donner un mot pour faire deviner ce qui est écrit sur le petit papier, etc.
3. La manche 3 se joue avec les mêmes mots. Mélangez-les une nouvelle fois puis invitez un apprenant à venir mimer ce qui est écrit pour le faire deviner à son groupe. Vous pouvez laisser 30 secondes par groupe. Un mot trouvé = un point.
Le groupe gagnant est celui qui, une fois les manches terminées, accumule le plus de points.

On tourne !

OBJECTIF DE LA LEÇON 3
Indiquer les manières de faire une action et exprimer des émotions

OBJECTIFS SPÉCIFIQUES des activités de la double plage

- lire et comprendre un scénario
- écrire un scénario
- connaître un film français à succès *La Famille Bélier*
- parler des émotions
- utiliser **sans** + infinitif pour exprimer la manière
- exprimer la manière avec les adverbes en **-ment**
- jouer une scène

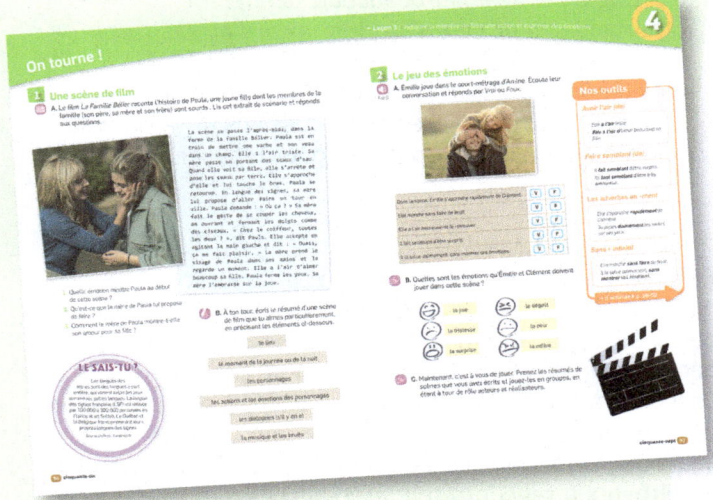

1. Une scène de film

Objectifs de l'activité
Lire et comprendre un scénario
Écrire un scénario

Mise en route : Demandez aux apprenants s'ils connaissent le film *La Famille Bélier*, vous pouvez leur montrer l'affiche du film : ☞ http://www.allocine.fr/film/fichefilm-214860/photos/detail/?cmediafile=21156948
Si des apprenants ont vu le film, demandez-leur de faire un bref résumé pour leurs camarades. Sinon, demandez-leur d'émettre des hypothèses à partir de l'affiche.

Déroulement
A.

- Lisez l'énoncé avec les apprenants. Puis, dites-leur que maintenant, ils vont lire l'extrait du scénario du film. Demandez-leur de trouver dans le texte, par deux, les éléments suivants :

Quand a lieu la scène ? *L'après-midi.*
Où a-t-elle lieu ? *Dans la ferme de la famille.*
Quels sont les personnages qui jouent cette scène ?
Paula, la fille, et sa mère.
Que fait Paula au début de la scène ? Et sa mère ?
Paula est en train de mettre une vache et son veau dans un champ. Sa mère passe en portant des seaux d'eau.
Quels sont les dialogues ?
La mère (en langage des signes) : On va faire un tour en ville ?
Paula : Où ça ?
La mère (avec des gestes) : Chez le coiffeur.
Paula : Chez le coiffeur, toutes les deux ?
Paula : Ouais, ça me fait plaisir.

- Faites une mise en commun en groupe classe.
- Invitez les apprenants à relire le texte une nouvelle fois et de faire des hypothèses sur les mots inconnus. Faites une mise en commun des hypothèses de signification et proposez aux apprenants de vérifier leurs hypothèses en visionnant la scène du film. La scène commence à 1 h 14 min 26 sec et se termine à 1 h 15 min 38 sec.
- Commentez ensemble le résultat, en les félicitant quand leurs hypothèses sont justes.
- Invitez ensuite vos apprenants à répondre aux questions de l'activité, individuellement.
- Vous pouvez leur proposer de vérifier leurs réponses en les comparant avec celles d'un camarade.

Corrigés

1. Paula est triste.
2. Sa mère lui propose d'aller chez le coiffeur.
3. Elle lui montre qu'elle l'aime en prenant le visage de Paula dans ses mains et en la regardant, puis elle l'embrasse sur la joue.

- Dessinez la ligne du temps au tableau puis proposez aux apprenants de faire de même sur leur cahier, et par deux, de situer les événements décrits sur cette ligne.
- Faites une mise en commun au tableau.
- Invitez vos apprenants à consulter la colonne *Nos outils* page 29 puis rendez-vous à la page 31 pour réaliser l'activité du point 5.

- Demandez aux apprenants d'observer les deux phrases suivantes :
  Elle a l'air triste.
  Elle a l'air d'aimer beaucoup sa fille.
- Demandez-leur ce qu'exprime *avoir l'air de. (avoir l'air* de signifie *paraître, on dirait que, etc.).*
- Invitez vos apprenants à consulter la colonne *Nos outils* page 57 pour connaître des expressions de la simulation puis à se rendre à la page 58 pour réaliser l'activité du point 6.

Pour en savoir plus

La famille Bélier est un film de Éric Lartigau, sorti en France en 2014. Le film nous raconte comment Paula, 16 ans, passe à l'âge adulte lorsque son professeur de musique lui découvre un don pour le chant et lui propose de passer un concours à Paris. Paula doit alors décider entre vivre son rêve et laisser sa famille, sourde, à qui elle est indispensable pour, entre autres, l'exploitation de la ferme familiale. Le film, qui a rencontré un large succès auprès des spectateurs, a été nommé dans plusieurs catégories lors des Césars 2015, parmi lesquelles Louanne Emera a reçu le prix du Meilleur Jeune Espoir Féminin.
Voir la bande-annonce : ☞ https:http://www.allocine.fr/video/player_gen_cmedia=19548494&cfilm=214860.html

B.

- Demandez aux élèves de réfléchir à une scène de film qu'ils apprécient particulièrement. Dites-leur de chercher sur Internet la scène de ce film pour bien la mémoriser.
- Ensuite, dites-leur qu'ils doivent écrire le scénario de cette scène. Indiquez-leur de suivre les éléments proposés dans l'activité pour rédiger le résumé.
- Dites-leur qu'ils peuvent le rédiger sur le logiciel de traitement de texte Word Microsoft Office avec la police « Courrier New » afin de rendre leur scénario plus authentique. De plus, indiquez-leur de configurer le correcteur d'orthographe sur « français » afin d'éviter les erreurs d'orthographe (ou les fautes de frappe) et les erreurs grammaticales. Finalement, invitez vos apprenants à réaliser une capture d'écran de la scène décrite pour illustrer leur résumé.
- Afin de réaliser une correction, vous pouvez inviter les apprenants à former des binômes. Chacun regarde l'extrait de film de son camarade et vérifie que celui-ci n'a oublié aucun élément. De la même manière, les apprenants peuvent s'aider à vérifier s'il ne reste aucune erreur dans la rédaction du texte.
- Enfin, demandez aux apprenants d'imprimer leur résumé. Vous pouvez demander aux apprenants de présenter leur scénario. Les apprenants peuvent former un jury et voter pour la présentation qu'ils ont le plus aimée. Vous pouvez diffuser la scène des trois premières présentations préférées.
- Postez toutes les présentations sur le blog de la classe, s'il y en a un.

2. Le jeu des émotions

Objectif de l'activité

Exprimer la manière avec les adverbes en –ment et sans + infinitif

Mise en route : Demandez aux apprenants, selon eux, comment un acteur peut exprimer des émotions.
Il peut exprimer des émotions avec son corps. Il doit savoir adopter le ton adéquat.

Déroulement

A. 🔊 Piste 11

- Invitez les apprenants à observer l'image. Demandez-leur de la décrire et d'émettre des hypothèses sur la scène : **Qui sont les personnages ? Où se passe la scène ? Quand se passe la scène ? Comment sont placés les personnages ? Quelle peut être leur relation ?**
  Ce sont deux personnes, une jeune fille et un jeune homme.
  La scène se passe à l'extérieur.
  Si on observe la lumière, on peut dire que c'est pendant la journée.
  La fille est debout, derrière le garçon. Elle lui cache les yeux avec ses mains. Le garçon est assis.
  Ils sont intimes, peut-être amoureux, ils ont l'air proches.
- Maintenant, dites aux apprenants qu'ils vont écouter un dialogue dans lequel le metteur en scène donne les indications à son actrice. Proposez-leur de lire le tableau de l'activité. Assurez-vous qu'ils ont bien compris les phrases proposées. Puis écoutez le dialogue une première fois. Réalisez une seconde écoute pour que les apprenants puissent vérifier leur réponse.
- Faites une mise en commun au tableau.

Corrigés

1. Faux   2. Vrai   3. Vrai   4. Vrai   5. Faux

- Attirez l'attention sur la façon dont est exprimée la manière dans les phrases proposées, invitez les apprenants à les relever, en binôme :
  - *Sans* + **infinitif :** *sans faire de bruit, sans montrer ses émotions.*
  On indique le contraire de ce qu'on veut. Ainsi on insiste sur le fait, ici, que l'actrice doit avancer en silence et, dans la seconde phrase, de manière neutre.
  - **Adverbes en –*ment* :** *rapidement, calmement.*
  On indique la manière de réaliser une action. On donne des précisions.
- Invitez les apprenants à connaître la règle de formation des adverbes en **–ment** en réalisant l'activité du point 5 page 59.

Voir Transcriptions à la page 122 du livre.

B.

- Dites aux apprenants de s'appuyer sur les dessins pour comprendre le sens des émotions énoncées dans l'activité. Proposez-leur de trouver une définition en français, en binôme. Faites une mise en commun pour vérifier les hypothèses des apprenants.
- Faites écouter une dernière fois le dialogue et dites aux apprenants de cocher les émotions qu'Émilie et Clément doivent jouer pendant la scène.
- Faites une mise en commun.

Corrigés

Ils doivent jouer la joie et la surprise.

Pour aller plus loin

- Demandez aux apprenants de chercher d'autres émotions qu'ils connaissent déjà (la jalousie, la politesse, la curiosité, la paresse, la timidité, le bavardage, la sympathie, le pessimisme, etc.) et de les écrire sur un papier.
- Ensuite, un apprenant vient piocher un papier et jouer l'émotion. Les autres doivent deviner quelle est l'émotion exprimée. Le joueur qui trouve va piocher un papier et jouer une émotion.
- Prenez garde que tous les apprenants participent : vous pouvez dire que les joueurs qui sont déjà passés une fois doivent attendre qu'un autre apprenant se soit exprimé avant de prendre la parole.

C.

- Demandez aux apprenants de prendre les résumés qu'ils ont rédigés lors de l'activité 1.B. Puis, dites-leur de former des groupes de 3 ou 4. Indiquez aux apprenants qu'ils vont devoir jouer les résumés. La personne qui l'a écrit est le réalisateur et les autres personnes sont les acteurs. Indiquez aux apprenants de se concentrer sur l'expression des émotions par le langage corporel et aussi, par l'intonation, lors des dialogues.
- Une fois que les apprenants sont prêts pour jouer la scène, le réalisateur peut les filmer avec son téléphone portable.
- Quand toutes les scènes sont jouées, vous pouvez les diffuser en classe.
- Les apprenants peuvent former un jury pour élire le meilleur acteur et la meilleure actrice en s'appuyant sur les critères suivants : l'intonation, le langage corporel, la clarté du discours.
- Vous pouvez prévoir un prix pour les deux lauréats.
- Postez les vidéos des apprenants, avec leur accord, sur le blog de la classe s'il y en a un.

Nos outils

RÉCAPITULATIF DES POINTS GRAMMAIRE

▸ Situer dans l'espace
▸ Décrire des objets
▸ La cause
▸ Le gérondif et **sans** + infinitif
▸ Les adverbes en **–ment**
▸ L'apparence et la simulation

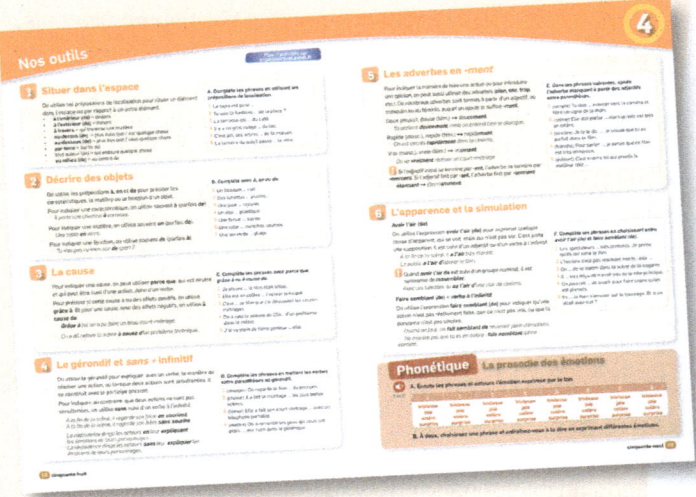

1. Situer dans l'espace

1. Le tapis est posé **sur le sol.**
2. Tu vois la fontaine **au centre** de la place ?
3. La terrasse est **à l'extérieur** du café.
4. Il y a un gros nuage blanc **au-dessus** du lac.
5. C'est joli, ces arbres **tout autour** de la maison.
6. La lumière du soleil passe **à travers** la vitre.
Voir Précis grammatical page 104 du livre.

2. Décrire des objets

1. Un blouson **en** cuir.
2. Des lunettes **de** piscine.
3. Une jupe **à** rayures.
4. Un étui **en** plastique.
5. Une tenue **de** soirée.
6. Une robe **à** manches courtes.
7. Une serviette **de** plage.
Voir Précis grammatical page 105 du livre.

3. La cause

1. Je pleure **parce que** le film est triste.
2. Elle est en colère **à cause de** l'acteur principal.
3. C'est **grâce à** ce film que j'ai découvert les courts-métrages.
4. On a raté la séance de 21h **à cause** d'un problème dans le métro.
5. J'ai vu plein de films géniaux **grâce à** elle.
Voir Précis grammatical page 107 du livre.

4. Le gérondif et *sans* + infinitif

1. On regarde le film **en mangeant** du popcorn.
2. Il a fait le montage **en choisissant** les plus belles scènes.
3. Elle a fait son court-métrage **en filmant** avec un téléphone portable.
4. On a remercié les gens qui nous ont aidés **en mettant** leur nom dans le générique.
Voir Précis grammatical page 103 du livre.

5. Les adverbes en *–ment*

1. Tu dois **simplement** avancer vers la caméra et faire un signe de la main.
2. Elle doit parler **calmement** alors qu'elle est très en colère.
3. Je te le dis **sincèrement** : je trouve que tu es parfaite dans ce film.
4. Pour parler f**ranchement**, je pense que ce film est très ennuyeux.
5. C'est encore toi qui prends le meilleur rôle, **évidemment**.
Voir Précis grammatical page 104 du livre.

6. L'apparence et la simulation

1. Les spectateurs **ont l'air** très contents. Je pense qu'ils ont aimé le film.
2. L'héroïne n'est pas vraiment morte : elle **fait semblant**.
3. On **fait semblant** de se battre dans les scènes de bagarre.
4. Il **a l'air** déçu de ne pas avoir eu le rôle principal.
5. On pourrait **avoir l'air** de courir pour faire croire qu'on est pressés.
6. Ils **ont l'air** de bien s'amuser sur le tournage : et si on allait avec eux ?

Voir Précis grammatical page 111 du livre.

Phonétique

La prosodie des émotions

Objectifs de l'activité

Sensibiliser les apprenants à la prosodie des émotions
Différencier les intonations de la tristesse, la joie, la colère, la surprise

Mise en route : Demandez aux apprenants de redéfinir les émotions : la tristesse, la joie, la colère, la surprise.
Demandez-leur s'ils s'expriment de la même manière lorsqu'ils ressentent l'une ou l'autre émotion.
Proposez-leur de prononcer des phrases qui expriment l'émotion. Vous pouvez leur proposer de trouver les exemples eux-mêmes ou vous les proposez vous-même :
Tristesse : *Je ne me sens pas bien.*
Joie : *On est en vacances !*
Colère : *Je n'ai rien fait mais je suis puni !*
Surprise : *C'est vrai ?*
Faites remarquer que l'intonation de la surprise est ascendante (la voix devient plus aiguë) alors que l'intonation de la tristesse est descendante (la voix devient plus grave).
Lisez les phrases avec l'intonation correspondante. N'hésitez pas à faire des gestes pour accentuer votre intention. (Tristesse : moue triste, position recroquevillée/Joie : sourire, corps ouvert/Colère : sourcils froncés/Surprise : yeux grands ouverts.)
Vous pouvez faire répéter les apprenants, en demi-groupe, les différentes phrases avec l'émotion indiquée. Dites-leur de ne pas hésiter à exagérer l'intonation et les mimiques.

Déroulement

A. Piste 12
- Dites aux apprenants qu'ils vont entendre deux phrases différentes prononcées selon des tons différents. Indiquez aux apprenants qu'ils doivent deviner le ton utilisé.
- Faites écouter une première fois les phrases.
- Puis, faites une seconde écoute pour que les apprenants puissent vérifier leur réponse.

Voir Transcriptions page 122 du livre.

Corrigés

1. Joie	4. Tristesse	7. Tristesse
2. Colère	5. Colère	8. Joie
3. Surprise	6. Surprise	

B.
- Demandez aux apprenants de former des binômes et d'inventer une phrase.
- Puis demandez-leur de s'entraîner à la prononcer en exprimant différentes émotions.

MAG.COM

Courts-métrages :
les festivals du film court

OBJECTIFS

Parler des courts-métrages
Connaître des festivals du film court

Présentation des documents :

▶ 3 affiches de festivals de courts-métrages
▶ 3 textes expliquant le festival de l'affiche

Courts-métrage :
les festivals du film court

Mise en route : Demandez aux apprenants ce qu'est un **court-métrage**. Vous pouvez leur donner des pistes en leur indiquant qu'il s'agit d'un type de film différent du **long-mé-trage**.

Déroulement

- Invitez les apprenants à ouvrir leur livre pages 60-61 et à lire le titre et le texte introducteur. Aidez-les à comprendre le sens des mots inconnus. Vérifiez qu'ils ont bien compris le sens du texte introducteur en leur posant quelques questions : **Combien de temps durent les longs-métrages ? Quels sont les films qui sont le plus réalisés ? Combien de temps durent les courts-métrages ?**
  Ils durent au moins une heure.
  Ce sont des courts-métrages.
  Ils durent moins de 30 minutes.
- Informez les apprenants que vous allez parler de 3 festivals qui récompensent les courts-métrages.
- Invitez les apprenants à prendre connaissance des textes et à trouver les informations suivantes pour chaque festival, en binôme.
- Puis, faites une mise en commun au tableau.

	TRÈS COURT INTERNATIONAL FILM FESTIVAL	**MOBILE FESTIVAL**	**FESTIVAL DU COURT-MÉTRAGE**
Depuis quand existe le festival ?	*Depuis 1999*	*Depuis 2005*	*Depuis 1982*
Quand a lieu le festival ?	*En juin*	*On ne sait pas*	*En février*
Où a-t-il lieu ?	*Dans 24 pays*	*En France*	*À Clermont-Ferrand*
Combien de temps doivent durer les courts-métrages présentés ?	*Moins de 3 minutes*	*Moins d'une minute*	*Moins de 30 minutes (durée maximale d'un court-métrage)*

- Invitez les apprenants à lire de nouveau chaque texte de manière détaillée.
- Proposez-leur de relire le texte qui parle du Très Court International Film Festival. Afin de vérifier leur compréhension, posez-leur les questions suivantes : **Combien de films participent chaque année ? Quels sont les genres des courts-métrages ?**
  50/Tous : fiction, documentaire, animation, clip-musicaux, blog-vidéos, etc.
- Proposez-leur de relire le texte qui parle du Mobile Film Festival. Afin de vérifier leur compréhension, posez-leur les questions suivantes : **Quelle est la caractéristique des courts-métrages du Mobile Film Festival ?**

Quelle est la thématique de ce festival ? Combien de prix sont attribués ? Qui attribue ces prix ?
Ils sont réalisés avec un téléphone portable.
Elle change tous les ans.
6 : meilleur scénario, meilleure mise en scène, meilleure actrice, meilleur acteur et meilleur court-métrage.
Un jury de professionnels et le public.

- Proposez-leur de relire le texte qui parle du Festival du Court-Métrage. Afin de vérifier leur compréhension, posez-leur les questions suivantes : **Où se trouve Clermont-Ferrand ?** *Dans le centre de la France*. Invitez les apprenants à consulter la carte de la France page 125. Dites-leur que Clermont-Ferrand se trouve en Auvergne, dans le département du Puy-de-Dôme. **D'où viennent les courts-métrages qui participent à ce festival ?** *Ils viennent du monde entier*. **Que propose également ce festival ?** *Il propose des ateliers.*
- Finalement, proposez à vos apprenants de lire les questions de l'encadré « Repérage ». Proposez-leur d'y répondre individuellement. Dites-leur de vérifier leurs réponses en les comparant avec un camarade.
- Faites une mise en commun au tableau.

Maintenant, invitez vos apprenants, en groupe de 3 ou 4, à faire des recherches sur Internet des festivals de films qui ont lieu dans leur pays. Demandez-leur de chercher particulièrement les thématiques et les caractéristiques des films projetés. Invitez-les à rechercher la date de création du festival, le lieu de son déroulement et si des réalisateurs ou acteurs célèbres y ont remporté des prix.

Vous pouvez proposer à vos apprenants de présenter le résultat de leur recherche grâce au logiciel de présentation Prezi : ☞ https://prezi.com/

Projetez les présentations des apprenants en classe, demandez-leur de les présenter.

Les apprenants peuvent former un jury et voter pour la présentation qu'ils ont le plus aimée.

Vous pouvez établir les critères suivants pour le vote : l'originalité de la présentation, la clarté du discours, l'exhaustivité des informations.

Vous pouvez poster les présentations sur le blog de la classe s'il y en a un.

Corrigés

a. Le Festival du Court-métrage de Clermont-Ferrand est le plus ancien.
b. Le Mobile Film Festival projette des courts-métrages filmés avec un téléphone.
c. Le Très Court International Film Festival se déroule dans de nombreux endroits.
d. Le Mobile Film Festival projette des courts-métrages de soixante secondes.
e. Le Festival du Court-métrage de Clermont-Ferrand organise aussi des ateliers de cinéma.
f. Le Très Court International Film Festival accepte des vidéos clips en compétition.

Notre projet final

Réaliser un court-métrage

OBJECTIFS

▸ travailler en groupe sur la tâche finale : savoir écouter les autres, négocier, interagir, argumenter pour défendre son opinion, ses préférences
▸ développer la création
▸ écrire un synopsis
▸ interpréter un personnage
▸ traduire des dialogues

Matériel

▸ Une caméra (une caméra ou un téléphone portable ou un appareil photo numérique)

Déroulement par phases

Avant de commencer la phase 1, lisez les consignes en classe avec les apprenants et assurez-vous de leur compréhension. Si vous le jugez nécessaire, faites avec vos apprenants un récapitulatif rapide des ressources qu'ils devront mobiliser dans cette activité. Expliquez aux apprenants qu'ils devront parler le plus possible en français pour se mettre d'accord entre eux.

PHASE 1   Le scénario

● Formez des groupes de 5 ou 6 apprenants puis demandez-leur de choisir un thème.
● Proposez-leur d'écrire, ensemble, le synopsis du film. Indiquez-leur qu'il est très important de définir dans le synopsis le genre, les personnages, les lieux, l'intrigue. Précisez-leur qu'une histoire simple racontée en un film de 1 à 5 minutes est préférable.
● Ensuite, demandez-leur de déterminer les rôles suivants : le scénariste, le metteur en scène, les acteurs, le réalisateur, l'accessoiriste.
● Demandez aux apprenants de rédiger le scénario. Dites-leur de faire d'abord un brouillon avec leurs idées et toutes les précisions possibles (accessoires, émotions, lieux, types de plan, etc.).
● Le scénariste se charge de rédiger le scénario et d'en distribuer une copie à toute l'équipe. Pendant ce temps, l'accessoiriste se charge des accessoires et des costumes. Évidemment, il peut demander aux autres apprenants de l'aider à collecter le matériel nécessaire. Le metteur en scène et le réalisateur se chargent de trouver le lieu propice au tournage, le meilleur moment pour tourner, etc.
● Le ou les acteurs s'entraînent à répéter leurs répliques avec l'intonation adéquate.

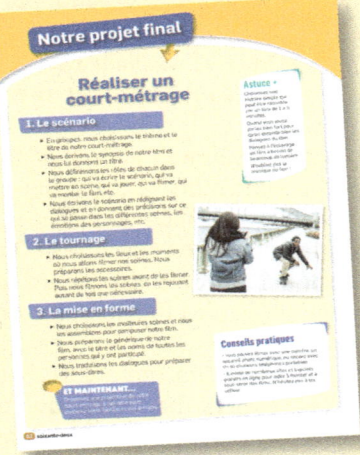

PHASE 2   Le tournage

● Les apprenants jouent la scène. Le scénariste s'assure de la correction du dialogue, le metteur en scène indique aux acteurs où et comment ils doivent se placer. L'accessoiriste prépare le décor s'il le faut et se charge des accessoires et des costumes. Le réalisateur filme en contrôlant les zooms et les plans.
● Indiquez aux apprenants de répéter les scènes avant de les filmer. Dites-leur qu'ils peuvent jouer les scènes autant de fois que nécessaire, et de garder les « ratés » pour un éventuel making-of ou bêtisier.
● Précisez aux élèves qu'ils doivent jouer en parlant de façon claire et intelligible afin qu'on les entende bien. De la même manière, faites-leur remarquer l'importance de l'éclairage. Dites-leur de jouer de jour et avec la lumière si, par exemple, ils tournent une scène en intérieur.

PHASE 3 :   La mise en forme

● Demandez aux apprenants de se répartir les tâches : 2 d'entre eux montent le film pendant qu'un autre prépare le générique et les deux derniers traduisent le film dans la langue maternelle des apprenants.
● Les apprenants peuvent monter le film grâce au programme Windows Movie Maker.
● Lorsque le film est monté, les traducteurs peuvent intégrer les sous-titres grâce au logiciel Subtitle workshop : ☞ http://subworkshop.sourceforge.net/
● Dites aux apprenants que, lors du montage, ils peuvent insérer un bêtisier après le film avec les prises ratées.

ET MAINTENANT...

● Organisez une projection des courts-métrages et invitez d'autres classes et les familles des apprenants. Pour cela, vous pouvez demander aux apprenants de faire la publicité pour la projection grâce à des brochures mais aussi sur les réseaux sociaux.

UNITÉ 4

LA LETTRE ÉMOUVANTE

Matériel : Des feuilles blanches, des enveloppes
Nombre de joueurs : 4 ou plus
Temps : 15 minutes

Objectif général
Réviser de manière ludique les acquis de l'unité 4

Objectifs spécifiques
Utiliser le lexique des émotions
Exprimer la cause : parce que, grâce à, à cause de

Déroulement
1. et 2. Demandez aux apprenants de se placer en cercle. Puis, pour l'exemple, entrez dans le cercle, votre visage exprime une émotion. Prenez l'enveloppe, faites semblant d'en lire le contenu et changer d'expression. Ensuite, demandez aux apprenants : **Qu'est-ce qu'il s'est passé ?** N'hésitez pas à rejouer la scène en exagérant les émotions et de manière progressive.

3. et 4. Lorsque les émotions et les causes ont été trouvées, un apprenant entre dans le cercle. Précisez-lui de réfléchir à deux émotions et au possible message de la lettre qui justifie ce brusque changement d'émotion.

5. et 6. Laissez les apprenants s'exprimer librement. Cependant, prenez garde à ce que tous les apprenants puissent s'exprimer, qu'aucun ne monopolise la parole, et encouragez les plus timides à s'exprimer. Quand tous les apprenants sont passés, le jeu est terminé.

Variante
Proposez à chaque joueur d'écrire deux émotions sur un papier. Sur le deuxième, dites-leur d'indiquer la cause de cette émotion. Ramassez les papiers et mettez-les respectivement dans deux boîtes : *émotion avant la lettre* et *émotion après la lettre*. Les joueurs piochent ces deux émotions dans les boîtes. Si l'émotion est la même sur les deux papiers piochés, l'apprenant pioche une nouvelle fois.

Bilan

Vous savez déjà faire beaucoup de choses !

Objectif
Faire un bilan de toutes les connaissances acquises au cours des unités 3 et 4.

Déroulement
- Expliquez à vos apprenants que cette activité a pour but de revoir les différentes connaissances qu'ils ont acquises dans les deux unités précédentes.
- Formez des groupes de 3 à 5 apprenants. Donnez-leur du papier grand format, qui pourra ensuite être affiché sur les murs de la classe, ainsi que des feutres de différentes couleurs.
- Demandez à chaque groupe d'écrire le titre d'un des savoir-faire de la page. Attribuez-en un à chaque groupe afin que tous soient utilisés et qu'aucun ne soit répété.
- Chaque groupe utilise une fiche d'une couleur différente. À présent, chaque groupe doit formuler une phrase en relation avec le titre du savoir-faire de la fiche couleur.
- Chaque groupe passe ensuite la fiche au groupe se trouvant à côté ou derrière. Précisez que, maintenant, chaque groupe doit ajouter une phrase sur la fiche qu'il vient de recevoir. Au tour suivant, les groupes doivent à nouveau formuler une phrase et passer la fiche à un autre groupe, etc.

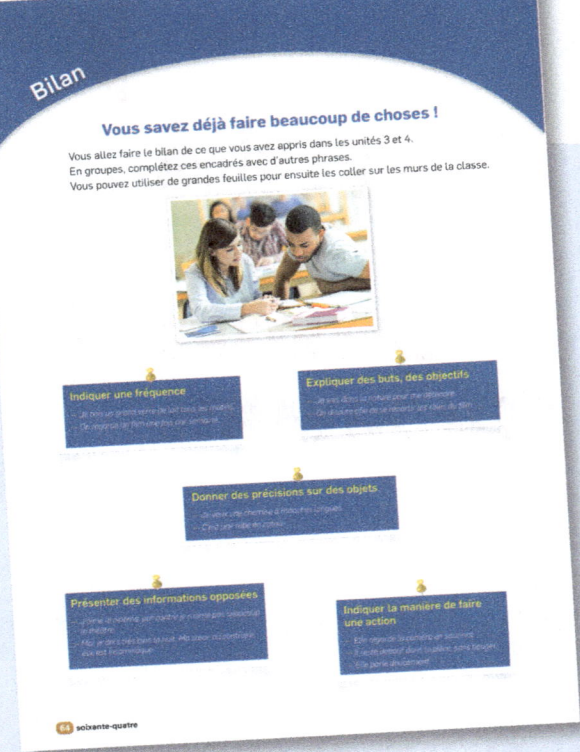

- Pour résumer, sur chaque fiche couleur, chaque groupe aura inscrit une phrase avec le savoir-faire demandé.
- Demandez ensuite aux apprenants de disposer les fiches sur les murs. Attribuez à chaque groupe une fiche et donnez-leur une minute pour corriger les fautes éventuelles.
- Au bout d'une minute, tapez dans vos mains, les groupes tournent et ont une minute pour corriger une autre fiche. Procédez de la sorte jusqu'à ce que chaque groupe ait vu toutes les fiches.
- Vous pouvez ensuite prendre quelques fiches (celles où il y a eu beaucoup de corrections ou de contre-corrections, par exemple) et proposer une correction collective.

Objectifs de l'unité

Dans cette unité, les élèves vont apprendre à présenter l'importance d'un problème, à expliquer des causes et des conséquences, à donner leur avis et à parler de moyens d'agir et savoir proposer des alternatives. Pour cela, ils aborderont le lexique pour présenter des quantités déterminées tels que les pourcentages et les proportions et des quantités indéterminées comme les collectifs. Ils verront également comment exprimer la conséquence, les moyens et l'alternative. Ils utiliseront des expressions pour donner leurs avis telles que **d'après moi, à mon avis, trouver que**. Finalement, ils aborderont également l'obligation **il faut que** + subjonctif.
La tâche finale consiste en le lancement, en groupe, d'une initiative collective.

MISE EN ROUTE

Écrivez **Engagés** au tableau. Expliquez aux apprenants le sens de ce mot (*Faire quelque chose pour les autres.*). Ensuite, demandez aux apprenants de faire un brainstorming autour de ce terme. Qu'est-ce qu'il leur évoque ? Proposition de réponse : solidarité, projet, collectif, action, agir, défense, etc.

Contenus

Communicatif	Grammaire	Lexique	Phonétique
► évoquer l'importance d'un problème	► la conséquence : **donc, alors**	► les pourcentages	► les sons [g], [gn], [ng].
► expliquer des causes et des conséquences	► l'opinion : **à mon avis, d'après moi, je trouve que**	► les collectifs : **la plupart, la majorité**	
► donner son avis et débattre	► **Il faut que** + subjonctif présent	► problèmes et solutions	
► parler de moyens d'agir et d'alternatives	► l'alternative : **au lieu de, plutôt que de**	► engagement et actions collectives	
	► les moyens d'agir : le gérondif, **par** et **à travers**		

Notre projet final

Lancer une initiative collective

 **Fêtes solidaires et festivals militants**

C'est grave !

OBJECTIF DE LA LEÇON 1
Évoquer l'importance et les conséquences d'un problème

OBJECTIFS SPÉCIFIQUES des activités de la double page

▶ parler de différents problèmes : l'eau, le harcèlement scolaire
▶ présenter des pourcentages, des proportions et des collectifs
▶ exprimer la conséquence : **donc, alors**
▶ proposer des solutions

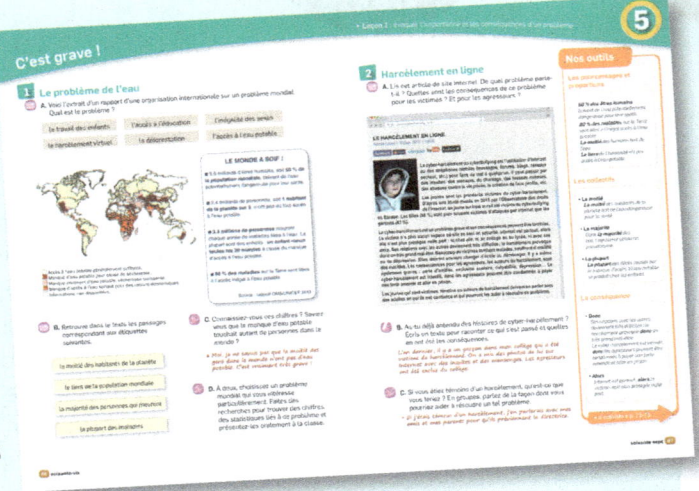

1. Le problème de l'eau

Objectifs de l'activité
Lire et comprendre une infographie
Parler de l'accès à l'eau potable

Mise en route : Écrivez au tableau **problèmes mondiaux** puis demandez aux apprenants de faire un remue-méninges pour déterminer quels sont, selon eux, les problèmes graves qui existent dans le monde.

Déroulement
A.

- Demandez aux apprenants de lire les étiquettes. Assurez-vous qu'ils en connaissent le sens. Vous pouvez illustrer chaque thème en projetant une photo.
- Ensuite, dites-leur d'observer la carte et sa légende. Par deux, invitez-les à émettre des hypothèses sur le lexique suivant : **accès, manque, eau potable, sécheresse**. Conseillez-leur de s'appuyer sur la carte et leurs connaissances pour émettre des hypothèses.
- Faites une mise en commun.
- Proposition de définition (selon le contexte)
  Accès : les gens peuvent avoir de l'eau facilement.
  Manque : quand il n'y a pas assez d'eau pour tout le monde.
  Eau potable : l'eau qu'on peut consommer / boire sans risque de maladie.
  Sécheresse : manque de pluie.
- Demandez aux apprenants de répondre à la question de l'activité.

Corrigés

L'accès à l'eau potable.

- Ensuite, demandez aux apprenants de lire le résumé du rapport de l'OMS/UNICEF afin d'en savoir plus sur l'accès à l'eau potable dans le monde.
- Posez des questions aux apprenants pour vérifier ce qu'ils ont déjà compris, demandez-leur, en binôme, de reformuler les propositions suivantes :
  - Ils boivent de l'eau potentiellement dangereuse pour leur santé. (Ils boivent de l'eau qui peut causer des maladies.)
  - Ils n'ont pas du tout accès à l'eau potable. (Il n'y a aucun accès à l'eau.)
- Et de répondre aux questions suivantes :
  - **Pourquoi 3,4 millions de personnes meurent chaque année ?** *À cause de maladies provoquées par l'eau.*
  - **Quelle est la cause de 80 % des maladies sur la Terre ?** *L'accès inégal à l'eau potable.*
- Faites une mise en commun au tableau.

B.

- Invitez les apprenants à lire les étiquettes de l'activité. Demandez-leur de reformuler les deux premières en fractions (1/2 – 1/3).
- Ensuite, invitez-les à réaliser l'activité.
- Proposez-leur de vérifier leur réponse en les comparant avec celles de leur voisin.
- Faites une mise en commun.

- Invitez les apprenants à lire les explications sur les proportions et les collectifs page 72 puis à réaliser l'activité du point 1.

Pour aller plus loin

- Fiche de production orale et compréhension écrite sur le thème de l'eau potable dans le monde. Il peut être nécessaire de modifier la fiche pour l'adapter à vos apprenants. ☞ https://fr.islcollective.com/resources/printables/worksheets_doc_docx/leau_dans_le_monde/descriptions-afrique-eau/54070

En savoir plus

- L'OMS, ou Organisation Mondiale de la Santé, est une institution qui fait partie de l'ONU et qui a été créée en 1948 dans le but d'amener tous les peuples au même niveau de santé. Une des grandes actions de l'OMS est l'assistance aux Pays les Moins Avancés avec, notamment, l'approvisionnement en eau potable.
- L'UNICEF, ou Fonds des Nations Unies pour l'Enfance, est une agence de l'ONU qui a été créée en 1946 dans le but d'améliorer et de promouvoir la condition de l'enfant. Une des grandes actions de l'UNICEF est la prévention et le traitement de la santé des enfants et de s'assurer, par exemple, de la qualité de l'eau bue par les enfants.

C.

- Demandez aux apprenants de former des groupes de 4 ou 5 et de discuter pour savoir s'ils connaissaient ces chiffres. Demandez-leur aussi d'indiquer où ils ont entendu/vu ces informations. *J'ai vu à la télé qu'il y a des gens en Afrique qui doivent faire plusieurs kilomètres pour avoir de l'eau potable.*
- Demandez-leur alors de discuter sur les possibles solutions proposées.
  J'ai vu une pub dans le métro pour donner de l'argent pour une association.
- Faites une mise en commun en groupe-classe afin de déterminer quels sont les supports pour la diffusion de ces informations et les solutions proposées.
- Finalement, demandez aux apprenants de réfléchir, en groupe de 3 ou 4, à la façon de ne pas gaspiller l'eau potable à laquelle ils ont accès.
  On doit économiser l'eau. On pourrait recycler l'eau, et l'utiliser pour laver les légumes pour arroser les plantes, etc.
- Faites une mise en commun en groupe-classe.

Pour aller plus loin

- Invitez les apprenants à organiser une campagne d'informations à diffuser dans leur école.
- Demandez-leur de réfléchir en groupe de 3 ou 4, comment ils pourraient économiser l'eau.
- Écrivez toutes les réponses au tableau.

Ne pas laisser couler l'eau quand je me lave les mains. Fermer le robinet quand je me lave les dents, etc.

- Une fois que chaque groupe a une solution pour économiser l'eau, demandez à vos apprenants de réfléchir à comment illustrer cette idée pour s'assurer que tout le monde va la comprendre.
- Invitez les apprenants à se rendre sur ☞ https://www.pixton.com/fr/ pour créer une affiche d'informations. Passez dans les groupes pour corriger les erreurs éventuelles.
- Proposez aux apprenants d'imprimer leurs affiches.
- Vous pouvez organiser un concours où chaque classe choisit les cinq meilleures affiches de toutes les autres classes réunies.
- Les affiches gagnantes peuvent être accrochées dans l'établissement afin d'informer les autres élèves.
- Postez toutes les affiches sur le blog de chaque classe s'il y en a un.

D.

- Vous pouvez demander aux apprenants de réfléchir à d'autres grands problèmes mondiaux que ceux présentés dans l'activité 1.A. Faites une mise en commun puis demandez aux élèves de choisir un problème qui les intéresse. Ils peuvent aussi choisir un des thèmes présentés dans l'activité 1.A.
- Ensuite, invitez les apprenants à réaliser une recherche sur Internet pour trouver des chiffres et des statistiques liés à ce problème.
- Vous pouvez inviter vos apprenants à réaliser la recherche dans leur langue maternelle puis, une fois qu'ils ont collecté les informations, les traduire.
- Puis, demandez aux apprenants de présenter leurs résultats sous forme d'infographie en s'aidant des sites en ligne suivants (en anglais) :
  ☞ http://piktochart.com/ (Présentation et tutoriel de piktochart : ☞ http://outilstice.com/2013/01/piktochart-creer-des-infographies-professionnelles/)
  ☞ http://www.easel.ly/
- Finalement, projetez les infographies de vos apprenants en classe et demandez à chaque groupe de les présenter. Vous pouvez former un jury avec les élèves. Pour cela, apportez des papiers en classe et une urne. Prévoyez une grille d'évaluation avec comme critères : soin et présentation, créativité, originalité, intérêt, clarté.
- Prévoyez un diplôme ou une récompense pour les gagnants.
- Enfin, postez les infographies sur le blog de la classe s'il y en a un.

2. Harcèlement en ligne

Objectifs de l'activité
Sensibiliser les élèves au cyber-harcèlement
Exprimer la conséquence

Mise en route : Écrivez **harcèlement en ligne** au tableau. Vous pouvez ajouter **cyberbullying** et demandez aux élèves ce que cela signifie. Invitez-leur à vous donner des exemples de cyberbullying.

Déroulement
A.

- Demandez à vos apprenants de lire le texte de l'activité. Il s'agit d'une compréhension globale du texte. Dites aux apprenants de former des binômes, invitez-les à lire une nouvelle fois les messages en répondant aux questions suivantes pour vérifier ce qu'ils ont déjà compris : **De quel type de texte s'agit-il ?** *Il s'agit d'un texte informatif.* **Comment est défini le cyber-harcèlement ?** *L'utilisation d'Internet ou des téléphones mobiles pour faire du mal à quelqu'un.* **Qui sont les victimes du cyber-harcèlement ?** *Les jeunes.* **Pourquoi la victime n'a plus d'espace où elle se sent en sécurité ?** *Parce qu'Internet est partout.* **Quelle solution propose le texte pour lutter contre le cyber-harcèlement ?** *Parler avec un adulte.*
- Faites une mise en commun.
- Invitez maintenant vos apprenants à relire les messages et à faire des hypothèses sur le sens des mots inconnus.
- Faites une mise en commun des hypothèses de signification puis proposez aux apprenants de vérifier leurs hypothèses dans le dictionnaire.
- Commentez ensemble le résultat, en les félicitant quand leurs hypothèses sont justes.
- Invitez les apprenants à répondre aux questions de l'activité.

Corrigés

Il parle du cyber-harcèlement.
Les conséquences pour les victimes sont de ne plus se sentir protégées nulle part et un grand mal-être : maladies, anxiété, dépression. Elles doivent parfois changer d'école ou déménager.
Les conséquences pour les agresseurs sont graves : pertes d'amitié, exclusion scolaire, culpabilité, dépression et même payer une amende et aller en prison.

- Demandez à vos apprenants de repérer l'expression de la conséquence dans le troisième paragraphe, par quelles expressions est introduite la conséquence ?
Internet est partout, alors elle n'est plus protégée nulle part.
Le harcèlement provoque donc un très grand malaise.
Le harcèlement est interdit, donc les agresseurs peuvent être condamnés à payer des amendes.
- Invitez les apprenants à se rendre à la page 72 pour réaliser l'activité du point 2.

Pour aller plus loin

- Vous pouvez réaliser cette fiche pédagogique en l'adaptant à vos élèves. Il est possible que toutes les activités ne soient pas adaptées au niveau de vos élèves mais les documents proposés peuvent faire l'objet d'une démarche didactique intéressante et pourront sensibiliser vos élèves au thème du cyber-harcèlement.
☛ http://www.bonjourdumonde.com/blog/grece/11/fiches-pedagogiques/le-harcelement-scolaire-fiche-pedagogique

B.

- Demandez aux apprenants de former des groupes de 4 puis invitez-les à réfléchir à ce qu'ils feraient s'ils étaient témoins d'un cyber-harcèlement. Revoyez, en groupe classe, la condition : **si** + **imparfait** + **conditionnel**.

C.

- Pendant ce remue-méninges, passez dans la classe pour aider les apprenants. Écrivez le vocabulaire que les apprenants vous demandent au tableau.
- Faites une mise en commun du vocabulaire.
- Faites une mise en commun des comportements en cas de cyber-harcèlement. Invitez les apprenants à commenter les réactions de leurs camarades.
- Finalement, vous pouvez rédiger, en groupe-classe, une charte sur laquelle les élèves écrivent les 5 attitudes les plus efficaces à tenir s'ils étaient témoins de cyber-harcèlement. Vous pouvez demander aux apprenants de l'illustrer grâce à des dessins ou des photos. Affichez cette charte dans la classe.

On s'implique !

OBJECTIF DE LA LEÇON 2
Donner son avis et débattre

OBJECTIFS SPÉCIFIQUES des activités de la double page

▸ sensibiliser les apprenants à la solidarité
▸ parler des initiatives des jeunes pour s'impliquer dans des actions bénévoles
▸ donner son avis
▸ exprimer l'obligation avec **il faut que** + subjonctif

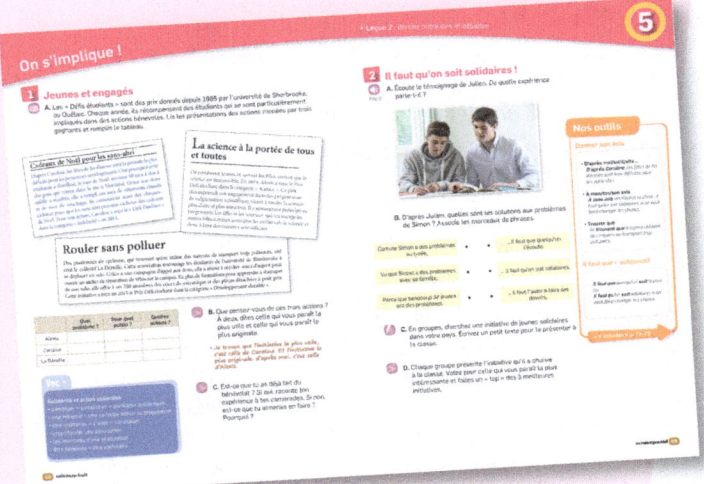

1. Jeunes et engagés

Objectifs de l'activité
Découvrir les « Défis étudiants »
Donner son avis
Connaître le lexique pour parler de la solidarité et l'action collective

Mise en route : Expliquez aux apprenants ce que signifie **être bénévole** *(Une personne qui fait une activité sans être payé, volontairement)*.
Invitez les apprenants à réfléchir à des actions bénévoles.

Pour en savoir plus
Les « Défis étudiants » sont un événement qui a lieu chaque année, depuis 1985, à l'Université de Sherbrooke au Québec et qui récompense l'implication étudiante, individuelle ou en groupe. Les prix remis sont les suivants : *Prix Constance, Prix Audace, Prix Polyvalence, Prix Dynamisme, Prix Nouveauté, Prix Envergure, Prix Développement Durable*. Le jury est composé de membres des Services à la vie étudiante ainsi que de représentants des différentes facultés.

Déroulement
A.

● Invitez les apprenants à observer les titres de chaque article. Demandez-leur, par groupe de 2, de reformuler chaque titre pour en expliquer le sens. Puis, faites une mise en commun.

Corrigés

Cadeaux de Noël pour les sans-abri : cadeaux de Noël pour les personnes qui n'ont pas de maison.
La science à portée de tous et de toutes : La science pour tous : les filles et les garçons. Les filles et les garçons peuvent être scientifiques.
Rouler sans polluer : se déplacer (en roulant) et ne pas détruire/être nocif à l'environnement.

● Ensuite, arrêtez-vous sur le vocabulaire des différents articles. Donnez une fiche avec le vocabulaire difficile des articles (logement, appel aux dons, récolter de l'argent, un chèque-cadeau, inaccessible, vulgarisation scientifique, se déplacer) et observez-le avec les apprenants.
● Ensuite, demandez-leur de deviner, en binôme, dans quel article on peut trouver chaque mot. Indiquez-leur qu'il est possible qu'un mot (ou expression) puisse valoir pour plus d'un article.
● Faites une mise en commun.
● Enfin, demandez aux apprenants de lire les textes une première fois individuellement. Il s'agit d'une compréhension globale du texte. Posez quelques questions aux apprenants pour vérifier leur compréhension : **Quand Caroline a-t-elle mis en place son action ?** *Elle l'a mise en place pendant les fêtes de fin d'année.* **Qui aide-t-elle ?** *Elle aide les sans-abris.* **Qui croit que la science est inaccessible ?** *Les jeunes filles.* **Pourquoi les filles n'osent pas entreprendre une carrière scientifique ?** *Parce qu'elles ne connaissent pas bien les métiers de la science.* **Quel moyen de transport est mis en avant par le collectif *La Déraille* ?** *Les vélos.*

- Ensuite, demandez aux apprenants de relire les articles une seconde fois et de remplir le tableau de l'activité.

Corrigés

	Quel problème ?	Pour quel public ?	Quelles actions ?
Alexis	*Les filles sont peu présentes dans les carrières scientifiques.*	*Les jeunes filles.*	*S'engager dans des programmes de vulgarisation scientifique.*
Caroline	*La solidarité envers les sans-abris. La distribution de vêtements chauds.*	*Les sans-abris.*	*Collecter de l'argent pour distribuer des sacs à dos de vêtements chaud et de sacs de couchage.*
La Déraille	*La pollution.*	*Les étudiants de Sherbrooke.*	*- Collecter de l'argent pour ouvrir un atelier de réparation de vélos sur le campus. - Former les étudiants à s'occuper de leur vélo. - Offrir des cours de mécanique. Vendre des pièces détachées.*

B.

- Demandez aux apprenants quelles expressions ils connaissent pour dire ce qu'ils pensent, donner leur avis.
- Écrivez-les au tableau : *je pense que, je crois que*.
- Dites-leur ensuite de consulter la colonne *Nos outils* page 69 pour en connaître d'autres.
- Faites-leur remarquer que **d'après** est suivi du pronom tonique. De la même manière **à mon avis** est formé avec un adjectif possessif. Alors que **trouver que** se conjugue comme **penser**.
- Ensuite, demandez aux apprenants de se mettre par deux et de donner leur avis sur les actions des « défis étudiants ». Proposez-leur de déterminer quelle est, selon eux, l'action la plus utile et quelle est celle qui est la plus originale.

- Invitez-les à justifier leur réponse : *Je trouve que l'initiative la plus utile est celle de Caroline parce que c'est important d'aider les personnes qui en ont besoin.*
- Finalement, faites une mise en commun.

C.

- Demandez aux apprenants de réfléchir à leur expérience de bénévolat. Indiquez-leur de s'appuyer sur le cadre de vocabulaire « Voc+ ». Invitez-les à raconter leur expérience s'ils en ont déjà fait (ou s'ils en font) en déterminant quel problème ils aimeraient résoudre grâce à leur action, à qui bénéficie leur action et enfin, quelles solutions ils apportent.

  Je vais rendre visite à des personnes âgées tous les mercredis après-midi parce que ce sont des personnes qui se sentent seules. Selon moi, passer du temps avec elle permet de les divertir et moi, j'apprends beaucoup d'elles.

- Pour les apprenants qui n'ont jamais fait de bénévolat, demandez-leur dans quels domaines ils aimeraient s'investir, à qui ils aimeraient que leur action bénéficie et quelles solutions ils pourraient apporter.

  J'aimerais m'engager pour lutter contre la pollution. D'après moi, c'est important de préserver la planète. J'aimerais faire partie d'une association qui récolte les poubelles dans les parcs parce que je trouve qu'il est important de prendre soin de la nature.

- Ensuite, demandez aux apprenants qui font du bénévolat de rechercher sur Internet si une page est consacrée à leur action, et demandez aux apprenants qui n'ont pas fait de bénévolat de chercher sur Internet si, dans leur ville, il existe une association qu'ils pourraient rejoindre.
- Finalement, invitez les apprenants à raconter leur expérience ou leur désir d'expérience et à présenter, brièvement, l'association à laquelle ils appartiennent ou à laquelle ils voudraient appartenir.
- Vous pouvez inviter les apprenants à projeter la page du site Internet de l'association pour illustrer leur présentation.
- Enfin, demandez aux apprenants de voter pour les actions qu'ils pensent être les plus utiles et les plus originales.

2. Il faut qu'on soit solidaires !

Objectifs de l'activité
Écouter et comprendre un témoignage explicatif
Exprimer l'obligation Il faut que + **subjonctif**

Mise en route : Proposez aux apprenants de visionner le spot publicitaire pour la fondation Abbé Pierre.
☞ https://www.youtube.com/watch?v=Mu0kJ-42PUM
Après un premier visionnage, demandez-leur de décrire la condition sociale des deux personnages.
Ensuite, visionnez le spot une seconde fois et attirez l'attention des apprenants sur le slogan de la pub « La solidarité, on en a tous besoin ». Demandez-leur quel est, selon eux, le message du spot.

Pour en savoir plus
- La Fondation Abbé Pierre a été fondée en 1992 par l'Abbé Pierre, prêtre catholique français né en 1912 et mort en 2007. La fondation lutte pour le droit à un logement digne et durable pour tous.

Déroulement
A. 🔊Piste 13
- Invitez les apprenants à observer le titre puis l'image et à la commenter, vous pouvez les orienter en leur posant les questions suivantes : **Comment décrivez-vous les deux garçons ?** *Le garçon de gauche est en jogging, c'est un élève, il est en train d'écrire. Le garçon de droite est habillé de manière plus élégante. Il a l'air d'être un professeur.* **Que font les garçons ?** *Ils font des devoirs, il y a des livres devant eux, sur la table et le garçon de gauche est en train d'écrire.* **Quelle est leur relation ?** *C'est une relation professeur/élève.*
- Ensuite, dites aux apprenants qu'ils vont entendre Julien, un des deux garçons de la photo qui va raconter son expérience.
- Faites écouter Julien une première fois puis demandez aux élèves de déterminer quelle expérience il partage.

Corrigés
Il aide les jeunes en difficulté, il l'aide avec ses devoirs mais aussi à résoudre ses problèmes personnels.

- Proposez aux élèves d'écouter une seconde fois Julien et de faire une écoute plus détaillée en retrouvant les informations suivantes :
  - **Quel âge a Julien ?** *Il a 23 ans.*
  - **Pourquoi est-il devenu bénévole ?** *Parce qu'il voulait faire quelque chose d'utile.*
  - **Comment s'appelle le jeune qu'il accompagne ?** *Il s'appelle Simon.*
  - **Combien de temps par semaine se voient-ils ?** *Ils se voient deux heures par semaine.*

- **Selon Julien, que faut-il faire pour changer les choses ?** *Il faut être solidaire.*
- Une fois que les apprenants ont répondu aux questions, proposez-leur de vérifier leurs réponses avec celles de leur voisin, puis faites une mise en commun au tableau. Voir Transcriptions page 123 du livre.

B.
- Invitez les apprenants à lire les étiquettes de l'activité. Précisez-leur que la forme **soit** est le subjonctif du verbe **être**.
- Faites écouter une dernière fois la piste audio aux apprenants. Faites une mise en commun.

Corrigés
Comme Simon a des problèmes au lycée – il faut l'aider à faire ses devoirs.
Vu que Simon a des problèmes avec sa famille – il faut que quelqu'un soit à l'écoute.
Parce que beaucoup de jeunes ont des problèmes – il faut qu'on soit solidaires.

- Ensuite, demandez aux apprenants d'observer les phrases de la colonne de droite. Demandez-leur de déterminer, en binôme, quelle est la différence de structure et aussi d'intention entre *Il faut que quelqu'un l'écoute* ou *il faut qu'on soit solidaires* et *il faut l'aider à faire ses devoirs*. Dans les deux premières phrases **il faut que** + subjonctif, l'obligation est personnelle alors que dans la dernière **il faut** + infinitif, elle est impersonnelle.
- Avant de poursuivre l'exercice, invitez les apprenants à se rendre à la page 73 pour réaliser l'activité du point 3.

C.
- Invitez les apprenants à former des groupes de 2 ou 3.
- Proposez-leur de faire des recherches sur les initiatives de jeunes solidaires qui existent dans leur pays. Indiquez aux apprenants qu'ils peuvent aussi chercher les initiatives qui existent en se rendant sur le site de mairies de grandes villes.
- Proposez aux apprenants de chercher des informations relatives à la date de création de l'action, aux problèmes qu'on essaye de résoudre, aux solutions proposées et au profil de jeunes solidaires qui participent au projet.
- Ensuite, invitez vos apprenants à classer et trier les informations trouvées.
- Enfin, proposez-leur de les organiser pour les présenter à l'oral.
- Vous pouvez conseiller à vos apprenants de présenter l'initiative choisie sur un programme de présentation tel que Prezi ou de créer une carte mentale.

D.

- Invitez les apprenants à présenter l'initiative qu'ils ont choisie au reste de la classe. Quand tous les apprenants ont terminé leur présentation, proposez aux apprenants de voter pour l'initiative qu'ils trouvent la plus intéressante.
- Demandez-leur d'écrire leur choix sur un papier, prévoyez une urne et procédez au dépouillement.
- Vous pouvez remettre un petit diplôme aux trois groupes gagnants.
- Postez les présentations des apprenants sur le blog de la classe s'il y en a un.

Pour aller plus loin

- Avec l'aide des apprenants, relevez tout le lexique en relation avec la solidarité vu jusqu'à maintenant. Vous pouvez consulter le livre de l'élève et le cahier d'exercices. Puis, en groupe de 3, invitez les élèves à se rendre sur Educaplay pour créer des mots croisés : ☛ http://fr.educaplay.com/fr/activite/mots_croises.htm.

- Demandez aux apprenants d'ajouter un tag (par exemple le nom de leur établissement) de telle manière que les autres apprenants puissent retrouver leur activité plus facilement.
- Dites aux apprenants de créer des mots croisés avec, au moins, cinq entrées.
- Lorsque tous les groupes ont publié leur activité, proposez à la classe de résoudre les mots croisés de leurs camarades.

On participe !

OBJECTIF DE LA LEÇON 3
Parler de moyens d'agir et d'alternatives

OBJECTIFS SPÉCIFIQUES des activités de la double page

▸ parler des moyens de soutenir une cause
▸ parler de la banque du temps
▸ exprimer les moyens : **à travers**, **par**, le gérondif
▸ exprimer l'alternative : **au lieu de**, **plutôt que de**
▸ mettre en avant ses compétences pour les échanger contre d'autres

1. Comment soutenir une action ?

Objectifs de l'activité
*Lire et comprendre une page Internet explicative
Connaître et parler des moyens pour soutenir une action
Exprimer les moyens*

Mise en route : Demandez aux apprenants s'ils soutiennent une action, même occasionnellement. En cas de réponse positive, demandez-leur qu'est-ce qu'ils font concrètement pour la soutenir. En cas de réponse négative, demandez-leur quels moyens ils connaissent pour soutenir une cause.

Déroulement
A.

- Lisez le texte introducteur avec vos apprenants et posez-leur des questions pour vérifier leur compréhension : **Grâce à quel support peut-on soutenir des actions solidaires ?** *Grâce à Internet.* **De quel type de soutien parle le texte introducteur ?** *Il parle d'un soutien économique « financement ».* **Selon le texte, comment peut-on, aujourd'hui, soutenir une action ?** *En se connectant à Internet « d'un simple clic ».*

- Ensuite, demandez aux apprenants de former des groupes de 2 ou 3 et de faire une lecture globale de l'article. Pour cela, demandez-leur de s'aider du contexte et de s'appuyer sur les mots qu'ils connaissent déjà pour comprendre le sens global et remplir le tableau suivant grâce aux informations du texte :

	COMMENT ?	QUEL EST LE BUT DE L'ACTION ?
La pétition	*Signer un texte.*	*Expliquer un problème.*
Le don	*Faire un don (argent ou nature).*	*Soutenir une action.*
Le buzz	*Partager un lien.*	*Faire circuler une information.*
L'achat solidaire	*Acheter un produit dont la somme est versée à une cause ou une association.*	*Financer une cause ou une action.*

- Faites une mise en commun au tableau, puis invitez les apprenants à répondre à la question de l'activité.

Corrigés

L'article parle des différents moyens de soutenir une action.

- Demandez aux apprenants de relever les différentes expressions qui expriment le moyen par lequel chaque action soutient une cause.
*Par une pétition, on peut expliquer un problème aux gens.
On peut participer à un buzz en partageant un lien (...) en affichant ou en créant un groupe de soutien, en cliquant sur une icône.
À travers l'achat solidaire, on verse de l'argent pour financer une cause.*
- Demandez-leur de consulter les explications page 73.

B.

- Demandez aux apprenants de former des groupes de 4 ou 5 et de discuter de leur avis sur les différents moyens de soutenir une action. Invitez-les à utiliser les expressions pour donner son avis, vues dans la leçon précédente.

  D'après moi, le buzz est le moyen le plus efficace pour rendre publique une action et toucher le plus de monde.

- Passez dans la classe pour aider les groupes qui en ont besoin. Conseillez-leur également d'utiliser le dictionnaire.

- Ensuite, en groupe-classe, demandez aux apprenants de reporter leur avis sur chacun des moyens présentés. Déterminez quel est le moyen préféré des apprenants et pourquoi.

C.

- Demandez aux apprenants qui ont voté pour le même moyen de se mettre en groupe. Invitez-les à former des groupes de 3 ou 4. Veillez à ce que tout les moyens soient représentés.

- Ensuite, proposez-leur de lister les avantages du moyen choisi. Puis, demandez-leur de rédiger un texte qui défend ce moyen à l'aide des avantages listés. Indiquez-leur d'utiliser des expressions de moyens et d'opinion.

- Dites-leur également de hiérarchiser leurs avantages et de les présenter en utilisant des connecteurs logiques de succession. Avant la rédaction, vous pouvez inviter vos apprenants à un brainstorming pour les revoir. **(D'abord/pour commencer/en premier lieu, ensuite /puis, en second lieu, deuxièmement/enfin, finalement, en dernier lieu).**

- Vous pouvez proposer au groupe de procéder comme suit pour la rédaction du texte : ils font une mise en commun en gardant les meilleures structures, le vocabulaire le plus précis. Une personne rédige puis laisse les autres apprenants corriger/modifier son texte. Une fois que le groupe est sûr qu'il n'y a plus d'erreurs, il passe le texte au propre.

- Une fois les textes rédigés, invitez les apprenants à les lire au reste de la classe.

- Vous pouvez poster les textes des apprenants sur le blog de la classe, s'il y en a un.

2. Troc de savoir-faire

Objectifs de l'activité
Parler de la banque du temps
Exprimer l'alternative

Mise en route : Invitez les apprenants à observer le titre. Demandez-leur de faire des hypothèses sur sa signification en s'appuyant sur l'image.

Déroulement

A. ▶Piste 14

- Demandez aux apprenants d'observer le document. Posez-leur des questions pour vérifier leur compréhension : **Qu'est-ce qu'on échange grâce aux banques du temps ?** *On échange du temps et des savoir-faire.* **Que recherche Lise ?** *Elle cherche des cours de guitare.* **Et Aurèle ?** *Il chercher des cours de langue.* **Que proposent l'un et l'autre en échange ?** *Lise sait parler italien, coudre, faire de l'escalade et Aurèle des cours de guitare.* **Finalement quelles compétences vont-ils échanger ?** *Ils vont échanger des cours d'italien contre des cours de guitare.*

- Ensuite, dites à vos apprenants qu'ils vont écouter une émission de radio qui parle des banques du temps et qu'ils vont entendre le témoignage de Lise et Aurèle. Invitez vos apprenants à lire les énoncés du tableau, vérifiez qu'ils les ont bien compris, puis écoutez l'émission une première fois.

- Laissez quelques secondes aux apprenants pour compléter leurs réponses.

- Réalisez une seconde écoute afin qu'ils puissent vérifier leurs réponses.

- Faites une mise en commun en groupe-classe.

Corrigés

1. Vrai   2. Vrai   3. Vrai   4. Faux

- Demandez aux apprenants d'observer les phrases suivantes : **Lise a mis une annonce dans une banque de temps au lieu de prendre des cours de guitare. / Plutôt que de ne rien faire de ses soirées, Aurèle a décidé d'apprendre l'italien.**

- Demandez-leur ce qu'expriment ces deux locutions. (Elles expriment l'alternative).

- Finalement invitez-les à se rendre à la page 73 pour consulter les explications et réaliser l'activité du point 4.

Voir Transcriptions page 123 du livre.

Pour en savoir plus

- La Banque du Temps ou *Système d'échange local (SEL)* est un système d'échange de produits et de services qui se fait au sein d'un groupe fermé. La monnaie d'échange est le temps. On peut « acheter » un service en débitant des minutes de son compte. Pour en créditer, il faut, proposer un service. Dès lors, on n'est pas obligé d'échanger mutuellement un service avec une personne mais on peut « acheter » un service à une personne A et créditer son compte de minutes en « vendant » un service à une personne B.

- Le but de la Banque du Temps est de développer une économique sociale et solidaire.

- En France, on compte plus de 600 associations qui proposent cet échange de services.
- Voici un reportage de l'AFP sur la banque du temps ou « accorderie » selon le terme québécois. ☞ https://www.youtube.com/watch?v=1we1gCnkK_Y

B.

- En groupe-classe, demandez aux apprenants s'ils connaissaient les banques du temps et s'ils en font partie. Si des apprenants font effectivement partie d'une banque du temps, demandez-leur de raconter leur expérience.
- Ensuite, proposez aux apprenants de se renseigner sur Internet, en binôme, pour savoir si ce système est courant dans leur pays et s'il existe une banque du temps dans leur ville.
- Enfin, vous pouvez lancer un débat en groupe de 5 ou 6 pour discuter de ce système où les apprenants défendent leur intérêt, ou non, vis-à-vis de la banque du temps.
- Vous pouvez passer dans la classe pour écouter les arguments de chacun et les aider à se corriger.
- Finalement, vous pouvez faire une mise en commun en groupe-classe pendant laquelle vous voyez quels sont les arguments pour la banque du temps et quels sont ceux qui sont contre.

C.

- En binôme, proposez aux apprenants d'échanger afin de savoir quelles compétences ils pourraient offrir pour participer à une banque du temps.
- Demandez-leur de déterminer quelles sont les compétences proposées, le lieu d'échange, leur disponibilité horaire.
- Ensuite, dites aux apprenants de s'entraider pour rédiger une fiche sur laquelle ils indiquent les services qu'ils cherchent et ceux qu'ils proposent.
- Les apprenants s'entraident pour rédiger la fiche, mais chacun rédige la sienne.
- Finalement, dites à chaque apprenant de présenter la fiche de son camarade. Les autres apprenants peuvent répondre à l'offre si elle correspond à leur besoin.
- Vous pouvez poster les fiches des apprenants sur le blog de la classe s'il y en a un. N'hésitez pas à encourager les apprenants à créer une véritable banque du temps dans la classe afin de favoriser la solidarité et l'entraide entre les élèves.

5

Nos outils

RÉCAPITULATIF DES POINTS GRAMMAIRE

▸ les proportions et les collectifs
▸ la conséquence
▸ **Il faut que** + subjonctif
▸ les moyens et les alternatives

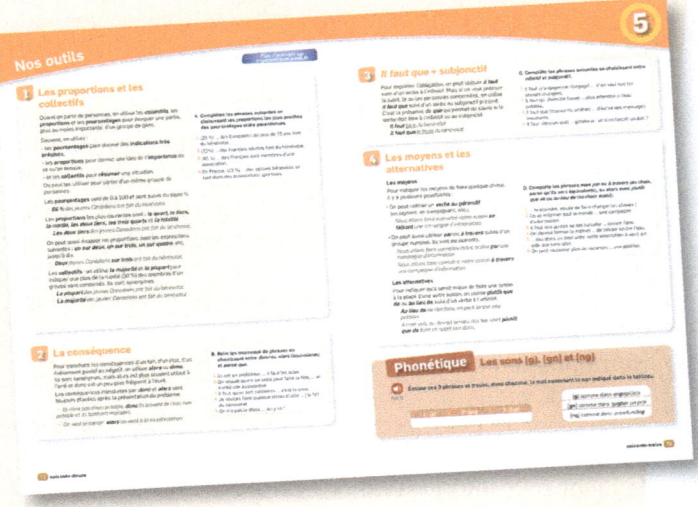

1. Les proportions et les collectifs

1. **Le quart** des Européens de plus de 15 ans font du bénévolat.
2. **Le tiers** des Français adultes font du bénévolat.
3. **La moitié** des Français sont membres d'une association.
4. En France, **un quart** des actions bénévoles se font dans une association sportive.

Voir Précis grammatical page 111 du livre.

2. La conséquence

1. Ils ont un problème, **donc/alors** il faut les aider.
2. On voulait ouvrir un local pour faire la fête, **donc/alors** on a créé une association.
3. Il faut qu'on soit solidaire **parce que** c'est la crise.
4. Je voulais faire quelque chose d'utile **donc/alors** j'ai fait du bénévolat.
5. On n'a pas le choix **donc/alors** on y va !

Voir Précis grammatical page 108 du livre.

3. *Il faut que* + subjonctif

1. **Il faut** s'engager si on veut **que** les choses changent.
2. **Il faut qu'**on fasse plus attention à l'eau potable.
3. **Il faut que** tu arrêtes d'écrire des messages insultants.
4. **Il faut qu'**on soit généreux : et si on faisait un don ?

Voir Précis grammatical page 110 du livre.

4. Les moyens et les alternatives

1. **Au lieu de/Plutôt que de** te plaindre, essaie de faire changer les choses !
2. On va informer tout le monde **par/à travers** une campagne d'informations.
3. Il faut dire qu'elle se fait harceler **au lieu de/plutôt que de** laisser faire.
4. On devrait fermer le robinet **au lieu de/plutôt que de** laisser couler l'eau.
5. **Par/À travers** des dons, on peut aider cette association à venir en aide aux sans-abris.
6. On peut réclamer plus de vacances **par/à travers** une pétition.

Voir Précis grammatical page 111 du livre.

Phonétique

LES SONS [g], [gn] et [ng]

Objectif
Discriminer les sons [g], [gn] et [ng]

Mise en route : Expliquez aux apprenants qu'ils vont travailler sur les sons [g], [gn] et [ng].
Demandez à vos apprenants de trouver des mots qui contiennent le son [g] *: garçon, bagage, guide, gant, gris,*

rugby, anglais, magasins, blague, gourmand, égoïste, dégoût, égalité.)

Faites remarquer aux apprenants que la lettre G se prononce [g] seulement lorsqu'elle est suivie de consonnes ou des voyelles a, u, o. Sinon, lorsqu'elle est suivie des voyelles e, i, y, elle se prononce [ʒ].

Puis répétez l'exercice avec le son [gn] : *gagner, magnet, se baigner, espagnol, compagnie, vignette, témoignage, souligner, ligne, soigner, signifier.*

Et enfin, demandez aux apprenants de trouver des mots qui contiennent le [ng], indiquez-leur que ce son se trouve seulement en position finale et, en général, vient de mots anglais : *camping, bowling, jogging, crowfunding, cyerbullying, running, ping-pong, etc.*

Déroulement

A. 🔊 Piste 15

- Proposez aux apprenants de prendre connaissance de l'activité de phonétique page 45.
- Faites écouter une première fois l'audio.
- Effectuez une seconde écoute pendant laquelle les apprenants cochent la grille.

- Proposez aux apprenants de comparer leurs réponses.
- Faites une dernière écoute pour vérifier les réponses.
- Faites une mise en commun au tableau.
- Faites écouter les phrases une nouvelle fois aux apprenants. Faites une pause après chaque phrase et demandez aux apprenants de répéter. Si la classe est nombreuse, faites répéter une moitié, puis l'autre.

Voir Transcriptions p. 123 du livre

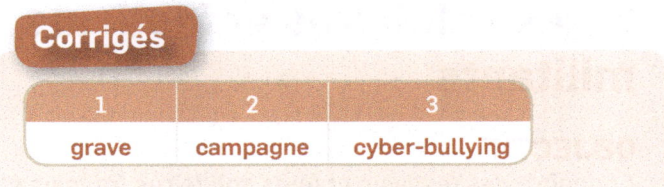

Corrigés

1	2	3
grave	campagne	cyber-bullying

Pour en savoir plus

- Le son [g] se prononce avec le dos de la langue en arrière dans la bouche, collée au palais.
- Le son [gn] est une consonne nasale, on commence à la prononcer de la même manière qu'un N, c'est-à-dire avec la pointe de la langue derrière les incisives puis, la langue se retire vers l'arrière de la bouche.
- Le son [ng] est aussi une consonne nasale, on commence à la prononcer de la même manière qu'un N, c'est-à-dire avec la pointe de la langue derrière les incisives puis, la pointe de la langue se retire vers l'arrière de la bouche pour toucher le palais.

Fêtes solidaires et festivals militants

OBJECTIF
Connaître des festivals et fêtes solidaires français et francophones

Présentation des documents :
▸ 1 photo et un texte explicatif pour trois festivals français et francophones : Tissé Métissé, La fête des Solidarités, Solidays

Fêtes solidaires et festivals militants

Mise en route : Demandez à vos apprenants de situer Nantes (dans l'ouest de la France), Namur (en Belgique) et Paris sur une carte.

Ensuite, demandez aux apprenants quels sont les moyens qui existent pour être solidaires, non plus individuellement comme ils l'ont vu dans les leçons précédentes, mais collectivement. *Une manifestation, un sit-in, un concert, une course à pied, etc.*

Attirez enfin la curiosité des apprenants en leur disant que les trois villes précédemment citées organisent la même action pour soutenir différentes causes.

Finalement, invitez les apprenants à ouvrir leur livre aux pages 74-75.

Déroulement
- Lisez avec les apprenants le texte introducteur et aidez-les à comprendre le sens des mots inconnus. Vérifiez qu'ils ont bien compris le sens du texte introducteur en leur posant quelques questions : **Quels sont les buts des associations qui organisent les festivals ?** *Leur but est d'aider, de soutenir, de militer et de défendre.* **Comment veulent-elles atteindre ces buts ?** *En chantant, en dansant et en s'amusant.* **Que visent les trois festivals présentés ?** *Ils visent à rendre le monde meilleur.*

- Invitez les apprenants à lire les textes une première fois.
- Puis, demandez-leur de les relire une seconde fois, en binôme, afin de remplir le tableau suivant :

	OÙ A LIEU LE FESTIVAL ?	DEPUIS QUAND EXISTE-T-IL?	COMBIEN DE PERSONNES Y PARTICIPENT ?	QUEL EST LE BUT DE L'ASSOCIATION ORGANISATRICE?
Tissé Métissé	À Nantes	1993	Environ 6 000	Lutter contre le racisme, l'intolérance et les injustices.
La fête des Solidarités	À Namur	2013	Plus de 20 000	Encourager l'entraide.
Solidays	À Longchamps (Paris)	1999	Plus de 150 000	Soutenir les malades du SIDA.

- Faites une mise en commun. Proposez aux apprenants de relever le vocabulaire qui leur pose problème. Laissez d'abord les apprenants répondre aux doutes de leur camarade. Si personne ne peut donner une définition satisfaisante, expliquez-leur la signification du mot qui pose problème.
- Finalement, proposez à vos apprenants de lire les questions de l'encadré. Proposez-leur d'y répondre individuellement. Dites-leur de vérifier leurs réponses en les comparant avec un camarade.
- Faites une mise en commun au tableau.

Corrigés

1.
a) Tissé Métissé
b) La fête des Solidarités
c) Solidays

2.
a) Tissé Métissé
b) Solidays
c) La fête des Solidarités

Pour aller plus loin

- Réalisez cette activité de compréhension orale avec vos apprenants sur la présentation du festival Solidays : ☛ http://gabfle.blogspot.co.uk/2009/08/document-audio-pour-le-niveau-b2_25.html

- Finalement, demandez à vos apprenants si des fêtes solidaires sont organisées dans leur pays. Notez au tableau les fêtes qu'ils proposent.

- Invitez-les à consulter Internet, en groupe de 3 ou 4 pour faire une recherche. Dans le cas d'une classe homogène, assurez-vous que les différents groupes choisissent des fêtes différentes.
- Demandez-leur de chercher notamment les informations suivantes : la ville de la fête solidaire, l'année de sa création, son but, le moment de l'année où elle a lieu, le nombre de personnes qui y assistent, les différents événements qui ont lieu.
- Finalement, proposez aux apprenants de présenter la fête solidaire choisie sur le logiciel Bunkr ☛ https://bunkrapp.com/ (pour en savoir plus sur le logiciel : ☛ http://outilstice.com/2015/10/bunkr-une-alternative-a-powerpoint-et-autres-prezi/?utm_content=bufferd1535&utm_medium=social&utm_source=twitter.com&utm_campaign=buffer)
- Puis projetez la présentation des apprenants pour qu'ils puissent la présenter aux autres apprenants.

Notre projet final

Lancer une initiative collective

OBJECTIFS

▶ Travailler en groupe sur la tâche finale : savoir écouter les autres, négocier
▶ Trier, organiser et présenter des informations
▶ Défendre une action
▶ Lutter contre un problème
▶ Réaliser une action et la défendre

Matériel

▶ Feuille A4, crayons de couleur, feutres.

Déroulement par phases

Avant de commencer la phase 1, lisez les consignes en classe avec les apprenants et assurez-vous de leur compréhension. Si vous le jugez nécessaire, faites avec vos apprenants un récapitulatif rapide des ressources qu'ils devront mobiliser dans cette activité. Vous pouvez aussi leur signaler où se trouvent, dans le livre, le lexique et la grammaire dont ils auront besoin. Expliquez aux apprenants qu'ils devront parler le plus possible en français pour se mettre d'accord entre eux.

Avant de commencer, et en vous étant mis d'accord avec le chef d'établissement, vous pouvez indiquer à la classe qu'une journée de la Solidarité va être mise en place. Toutes les classes vont se mobiliser pour faire de cette journée un succès. Vos élèves vont être les organisateurs. Ils peuvent faire appel à d'autres classes pour les aider.

PHASE 1 La cause

● Demandez aux apprenants de former des groupes de 4 ou 5. Invitez-les à réfléchir aux problèmes qu'ils aimeraient résoudre, à l'intérieur de l'école ou à l'extérieur. (Par exemple, ils peuvent s'associer à une association pour aider les plus démunis, ils peuvent créer une banque du temps pour que les élèves de l'école s'entraident, ils peuvent organiser une Foire aux Livres, ils peuvent récolter de l'argent pour organiser une sortie scolaire, prévenir pour lutter contre le harcèlement scolaire, etc.).
● Faites une mise en commun et invitez les apprenants à dire quelles causes sont pertinentes et surtout à la hauteur de leurs moyens pour les défendre.
● Finalement, chaque groupe se charge d'une cause.

PHASE 2 Les moyens

● Proposez aux apprenants de réfléchir sur les moyens de lutter contre le problème choisi. Invitez-les à dresser une liste puis de garder deux ou trois moyens réalisables et les mieux adaptés au problème.

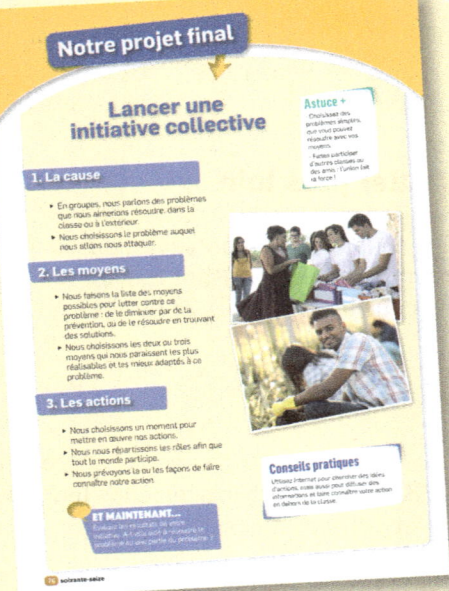

● Demandez aux apprenants de penser aux questions suivantes : **Comment faire connaître leur action ? Comment les gens qui le souhaitent peuvent les aider ? Que faire concrètement pendant la Journée de la Solidarité ?**
● Invitez-les à se répartir les rôles pour y répondre. Une ou deux personnes du groupe peuvent s'occuper des réseaux sociaux pendant que les autres mettent en place des ateliers, des affiches pour la Journée de la Solidarité.

PHASE 3 Les actions

● Pendant la Journée de la Solidarité, demandez aux apprenants d'être actifs, de se faire connaître et de mener à bien les moyens choisis pour lutter, récolter de l'argent, faire de la prévention, etc. Vous pouvez prendre des photos de la Journée et les poster sur le blog de la classe s'il y en a un.

ET MAINTENANT...

● Demandez aux apprenants de faire un bilan de leur action et de le présenter en classe.
● Lors du bilan, que les apprenants peuvent présenter sur Prezi ou Blunkr, demandez aux apprenants de souligner également leurs points forts, mais aussi leurs points faibles (*Au lieu de faire ..., nous aurions dû faire...*).
● Félicitez les apprenants pour leur solidarité et leur participation.

UNITÉ 5

LE RELAIS SOLIDAIRE

Matériel
- Listes de 10 mots (identiques mais placés dans des ordres différents) préalablement préparées par l'enseignant

Outils linguistiques
- Lexique de l'engagement et des actions collectives

Matériel : Listes de 10 mots (identiques mais placés dans des ordres différents) que vous aurez préalablement préparées
Nombre de joueurs : 4 ou plus
Temps : 20 minutes

Objectif général
Réviser de manière ludique les acquis de l'unité 5

Objectif spécifique
Savoir utiliser des stratégies pour définir un mot

Déroulement
1. et 2. Préparez, préalablement, des listes de 10 mots en relation avec le thème de l'unité 5, à savoir l'engagement et les actions collectives.
Préparez autant de listes que de groupes d'apprenants. Chaque liste contient les mêmes mots, mais l'ordre de ces mots est différent.
Formez des équipes de 3 à 4 apprenants. Disposez les listes devant vous. Chaque liste correspond à un groupe.

3. Demandez à une personne de chaque groupe de venir près de vous pour recevoir le premier mot.

4. Ensuite, indiquez aux apprenants que la personne qui a le mot doit le faire deviner aux autres en utilisant tous les moyens possibles : mimes, dessin, synonymes, antonymes, définitions, etc.

5. Une fois qu'une personne de l'équipe a trouvé le mot en question, elle va recevoir le deuxième mot de la liste.

6. La première équipe qui a deviné tous les mots de sa liste a gagné.

Variantes
- Vous pouvez déterminer au préalable avec les apprenants la stratégie retenue pour faire deviner les mots.
- Vous pouvez faire le relais en plusieurs manches. Dans ce cas, les 3 premiers mots peuvent être à faire deviner grâce à des mots associés, puis les trois suivants sous forme de dessin, les trois suivants avec des mots interdits et enfin le dernier, comme le préfère le joueur.

Teste tes connaissances !

Lis les phrases et choisis la bonne réponse. Puis compare avec un camarade.

1 Les chaises sont ... de la table.

a. entre

b. tout autour

c. ici et là

2 Ça se voit comme le nez ... de la figure.

a. au milieu

b. à travers

c. au fond

3 Elle porte des chaussures ...

a. de soleil

b. à talons

c. à manches courtes

4 C'est un tee-shirt ... coton.

a. en

b. à

c. de

5 Le film est fini ; je ... le terminer.

a. viens de

b. suis en train de

c. suis sur le point de

6 Il s'est endormi ... la télé.

a. regardant

b. regardait

c. en regardant

7 Il y a de ... de bruit, je n'entends pas les dialogues.

a. plus en plus

b. plus ou moins

c. moins en moins

8 On a eu des places de cinéma et c'est ... toi.

a. à cause de

b. grâce à

c. parce que

9 ... de la pluie, on n'a pas pu faire le tournage.

a. Vu que

b. Comme

c. À cause

10 Tu es capable de rester dix minutes sans...

a. bouger

b. bougeait

c. bougé

11 Elle marche ... , sans se presser.

a. rapidement

b. glissement

c. lentement

12 50 % des Canadiens ont fait du bénévolat, ce qui représente...

a. un Canadien sur trois.

b. deux Canadiens sur cinq.

c. un Canadien sur deux.

13 Un jeune sur trois en Europe, soit ... , a été victime de harcèlement sur Internet.

a. un tiers

b. un quart

c. la moitié

14 Ça ne peut plus durer ! Il faut qu'on ... quelque chose.

a. faire

b. fasse

c. fait

15 L'électricité est coupée, ... on n'y voit plus rien.

a. c'est pour ça qu'

b. parce qu'

c. depuis qu'

16 Ils sont sans-abri ... ils passent l'hiver dehors.

a. comme

b. mais

c. donc

17 ... moi, si chacun participe, on peut rendre le monde meilleur.

a. Avant

b. Ensuite

c. D'après

18 Ils sont ... d'une association.

a. membres

b. abonnés

c. inscrits

19 Engage-toi ... rester là les bras croisés !

a. au milieu

b. au lieu de

c. le lieu

20 ... de lancer une pétition, on pourrait organiser une fête.

a. Pour que

b. Aussi bien que

c. Plutôt que

Note : ☐ /20

Faites du bruit !

Objectifs de l'unité

Dans cette unité, les élèves vont apprendre à parler de leurs pratiques culturelles, à argumenter et nuancer une opinion, à utiliser des images et des métaphores et à présenter et partager des chansons. Pour cela, ils abordent les adverbes d'intensité et les expressions **se passer de** et **vivre avec/vivre sans**. Ils devront également utiliser la voix passive et l'expression de la concession. Ils verront aussi les nombres ordinaux, le relatif **dont** et ils apprendront des expressions qui expriment le doute et la certitude.

Puis, ils aborderont la musique : ils verront les différents instruments et les genres musicaux puis apprendront à donner leurs impressions sur une chanson.

Finalement, ils découvriront des chansons et des chanteurs français et francophones, notamment Stromae et Ariane Moffatt.

La tâche finale consiste en l'organisation d'un marché aux chansons.

MISE EN ROUTE

Demandez aux apprenants quels chanteurs et/ou quelles chansons françaises/francophones ils connaissent. Demandez-leur s'ils aiment ou non la chanson qu'ils citent.

Contenus

Communicatif	Grammaire	Lexique	Phonétique
▸ parler de ses pratiques culturelles ▸ argumenter et nuancer une opinion ▸ utiliser des images et des métaphores ▸ présenter et partager des chansons	▸ **Si /tellement… que** ▸ la nécessité : **pouvoir, se passer de, vivre avec, vivre sans** ▸ les nombres ordinaux ▸ la voix passive ▸ la concession : **même si, quand même** ▸ le relatif **dont** ▸ le doute et la certitude	▸ les pratiques culturelles ▸ la musique et les chansons ▸ les images et les métaphores	▸ les rimes

Notre projet final

Organiser un marché aux chansons

 **En avant la musique ! Du gramophone au smartphone**

La musique et moi

OBJECTIF DE LA LEÇON 1
Parler de ses pratiques culturelles

OBJECTIFS SPÉCIFIQUES des activités de la double page

▸ parler de la place de la musique dans sa vie
▸ connaître le nom des instruments de musique et des musiciens qui en jouent
▸ exprimer l'intensité **si/tellement ... que**
▸ connaître des expressions pour exprimer la nécessité : **se passer de, vivre avec, vivre sans**

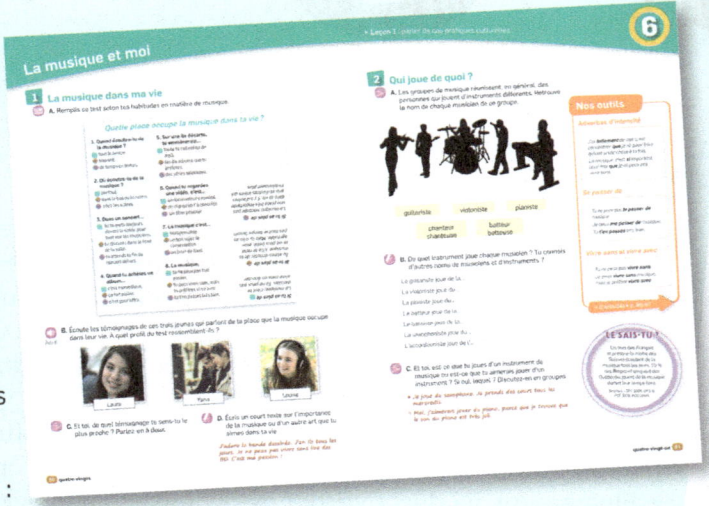

1. La musique dans ma vie

Objectifs de l'activité
Parler de sa relation avec la musique
Écouter et comprendre des témoignages sur la place de la musique dans la vie de trois jeunes

Mise en route : Consulter cette infographie sur *Les jeunes et la musique* avec vos apprenants. ☛ http://www.cbnews.fr/digital/infographie-les-jeunes-et-la-musique-selon-meltygroup-a1016736
Demandez-leur s'ils se reconnaissent dans cette infographie ou si la musique occupe une place moins importante pour eux.

Déroulement
A.
- Expliquez aux apprenants qu'ils vont faire un test pour vérifier quelle place occupe la musique dans leur vie.
- Faites-leur faire le test en binôme en donnant un dictionnaire à chaque binôme ou en les aidant avec le vocabulaire.
- En groupe de 3 à 5, demandez aux apprenants de comparer leurs résultats respectifs. Au tableau, faites trois colonnes correspondant aux trois profils du test et une ligne par groupe. Invitez un apprenant de chaque groupe à venir noter le nombre de personnes appartenant à chaque profil dans son groupe.
Par exemple :

	LA MUSIQUE, C'EST TA PASSION !	TU AIMES LA MUSIQUE.	LA MUSIQUE NE T'INTÉRESSE PAS BEAUCOUP.
Groupe 1	3	1	0
Groupe 2	2	1	1
Groupe 3	3	0	1

- Faites un bilan afin d'évaluer le profil général de la classe par rapport à la musique.
- Posez d'autres questions aux apprenants pour connaître leurs pratiques musicales. **Où découvrez-vous de nouvelles musiques ?** *À la radio, par des amis, en allant de lien en lien sur Youtube, par des émissions de musique...* **Comment écoutez-vous de la musique ?** *À la radio, sur des plates-formes telles que Spotify, achat de CD, téléchargement.*
- Demandez aux apprenants s'ils connaissent des moyens pour les chanteurs de se faire connaître : les maisons de disques, faire des concerts, participer à des programmes de TV comme *The Voice* et le crowdfunding musical tel que, en France, My Major compagny.

Pour en savoir plus
- My Major Compagny est une plate-forme de financement participatif qui existe depuis 2007 en France. Les internautes soutiennent les artistes qu'ils préfèrent, économiquement et, en échange, ils touchent une partie sur la vente physique et numérique de l'album qu'ils soutiennent.
- Ce système s'est importé au Royaume-Uni en 2010.
- En France, beaucoup d'artistes se sont fait connaître grâce à ce label participatif, entre autres, Grégoire : ☛ https://www.youtube.com/watch?v=kOru9ITtVIg et Joyce Jonathan : ☛ https://www.youtube.com/watch?v=TxWLybPwBzs

B. 🔊 Piste 16
- Indiquez aux apprenants qu'ils vont écouter le témoignage de trois jeunes sur la place que la musique occupe dans leur vie.
- Faites une première écoute et demandez aux apprenants de retrouver le profil de chaque jeune, par rapport au test de l'activité A.

Corrigés

Laura : La musique ne l'intéresse pas beaucoup.
Yanis : Il aime la musique mais il peut vivre sans.
Louise : La musique, c'est sa passion !

- Demandez aux élèves d'écouter les témoignages des jeunes une seconde fois et de relever, individuellement, les expressions qui indiquent qu'ils adorent/aiment bien/ne s'intéressent pas beaucoup à la musique, selon leur profil.
- Ensuite, dites aux apprenants de vérifier leurs réponses en les comparant avec celles d'un voisin.
- Puis, faites une dernière écoute afin que chacun puisse vérifier ses réponses.
- Faites une mise en commun au tableau.

Voir Transcriptions page 123 du livre.

Corrigés

Laura : je peux m'en passer.
Yanis : je peux vivre sans musique, mais je préfère vivre avec.
Louise : La musique, c'est ma vie. J'aime tellement ça. C'est si important pour moi que je n'imagine pas vivre sans musique.

- Soulignez les expressions **je peux m'en passer**, **je peux vivre avec** et **je peux vivre sans** et demandez aux apprenants ce qu'elles expriment.
- Invitez les apprenants à consulter la colonne *Nos outils* sur ces expressions à la page 81. Indiquez alors aux apprenants que **se passer de** peut être utilisée avec un complément ou avec le pronom complément **en**.
- Finalement, attirez l'attention des apprenants sur les phrases suivantes : **J'aime tellement ça** et **C'est si important pour moi que je n'imagine pas vivre sans musique.**
- Indiquez-leur que les adverbes **tellement** et **si** marquent l'intensité. Avertissez vos élèves que **si** et **tellement** sont interchangeables seulement lorsqu'ils accompagnent un adjectif ou un adverbe : *C'est si important pour moi que je n'imagine pas vivre sans musique = C'est tellement important pour moi que je n'imagine pas vivre sans musique.*
- Cependant, lorsque l'adverbe accompagne un verbe, on peut utiliser seulement **tellement**.
- Invitez finalement les apprenants à se rendre à la page 86 pour réaliser l'activité du point 2.

C.

- Demandez aux apprenants de former des binômes et de discuter pour comparer leur profil avec celui des jeunes dont ils viennent d'écouter le témoignage. Indiquez-leur qu'ils doivent utiliser des expressions de nécessité et des adverbes d'intensité.
  Moi, je suis comme Louise : j'aime tellement la musique que j'ai besoin d'en écouter tous les jours.
  Moi, au contraire, je peux m'en passer. Mais si je ne vois pas au moins une série par jour, je m'ennuie.
- Passez dans la classe pour écouter les structures des apprenants et les corriger si nécessaire.

Pour aller plus loin

- Demandez aux apprenants de former des groupes de 4 et de se poser des questions pour connaître les rapports des uns et des autres. **Tu écoutes de la musique tous les jours ? Tu peux te passer de la musique ?** et de jouer cette interaction devant leurs camarades.

D.

- Avant d'aborder l'activité, faites un rappel avec les étudiants sur les 9 arts qui existent.
- Projetez-leur des images et demandez-leur de déterminer l'art qui correspond.
- Demandez aux apprenants de réfléchir à l'art qu'ils aiment le plus (le cinéma, la peinture, la musique, la littérature, etc.).
- Ensuite, demandez-leur d'écrire un texte court dans lequel ils présentent l'art qu'ils aiment, la fréquence à laquelle ils le pratiquent, une phrase dans laquelle ils démontrent l'importance de cet art dans leur vie.
- Vous pouvez proposer aux apprenants de s'aider des questions du test : quand ils pratiquent cet art, s'ils vont dans des lieux en relation avec ce qu'ils aiment (cinéma, concert, Foire de la BD, librairie, etc.).
- Indiquez aux apprenants qu'il est important que, lorsqu'on lit leur texte, on puisse ressentir l'importance de leur passion.
- Lorsqu'ils ont terminé, ramassez les textes de chacun, puis proposez à un apprenant de lire un texte au hasard et proposez aux autres de deviner l'auteur du texte. Chaque apprenant doit lire un texte.
- Postez les textes des apprenants sur le blog de la classe s'il y en a un.

2. Qui joue quoi ?

Objectifs de l'activité
Connaître les instruments de musique et les musiciens qui en jouent
Parler des instruments de musique

Mise en route : Invitez les apprenants à former des groupes de musique de 5 à 7 membres à faire semblant de jouer d'un instrument (comme le *air guitare* mais avec tous les instruments).

Le groupe se met d'accord pour savoir qui joue quoi. Puis, ils jouent devant leurs camarades. Les autres apprenants doivent deviner quels sont les instruments joués. Chaque groupe remporte un point par instrument deviné. Si un instrument n'est pas deviné, c'est le groupe qui joue qui remporte le point. Le groupe qui a le plus de points gagne.

Déroulement
A.
- Lisez la consigne avec les apprenants et invitez-les à prendre connaissance des étiquettes. Puis, demandez aux apprenants de réaliser l'activité en binôme.
- Faites une mise en commun au tableau.

Corrigés

(de gauche à droite)
Violoniste - guitariste - batteur – chanteur – pianiste

B.
- Créez des cartes pour jouer au Memory. Les cartes sont les suivantes : guitariste / guitare, violoniste / violon, pianiste / piano, batteur / batterie, bassiste / basse, saxophoniste / saxophone, accordéoniste / accordéon.
- Chaque carte est illustrée, respectivement, par l'instrument de musique et le musicien.
- Préparez autant de copies de jeu que nécessaire. Chaque copie de jeu peut être valable pour un groupe de 4 ou 5 joueurs.

Variante
- Vous pouvez créer un jeu de Memory en ligne sur le site suivant : ☛ http://icp.ge.ch/sem/utilisation-logiciel/spip.php?article413 et faire jouer toute la classe en même temps. Cependant, il faudra créer de nouvelles cartes pour que le jeu soit plus complet.
- Finalement, demandez aux apprenants de réaliser l'activité individuellement.
- Faites une mise en commun.

Corrigés

Le guitariste joue de la **guitare**.
Le violoniste joue du **violon**.
Le pianiste joue du **piano**.
Le batteur joue de la **batterie**.
Le bassiste joue de la **basse**.
Le saxophoniste joue du **saxophone**.
L'accordéoniste joue de l'**accordéon**.

C.
- Demandez aux apprenants de former des groupes de 3 et d'écrire toutes les questions que l'on peut poser à quelqu'un qui joue d'un instrument. **De quel instrument tu joues ? Tu prends des cours ? Pourquoi tu en joues? Depuis quand ? etc.** Puis divisez la classe en deux. Une partie de la classe est journaliste et pose les questions ; l'autre est musicienne et répond aux questions. Ensuite, les rôles sont inversés.
- Finalement, demandez aux apprenants de former 2 ou 3 groupes pour mettre leurs réponses en commun et évaluer l'instrument le plus joué dans la classe, les raisons, la fréquence, etc.
- Demandez à chaque groupe de réunir leurs statistiques sur un logiciel tel que ☛ https://spritesapp.com/ (en anglais) pour créer une infographie animée et les présenter à l'oral. Si c'est nécessaire, invitez vos apprenants à consulter la page du précis grammatical pour revoir les quantités humaines (page 111).

Chacun ses goûts

OBJECTIF DE LA LEÇON 2
Argumenter et nuancer une opinion

OBJECTIFS SPÉCIFIQUES des activités de la double page

▸ connaître un artiste francophone actuel mondialement connu
▸ donner son opinion
▸ décrire et critiquer une chanson, un album
▸ utiliser le vocabulaire en relation avec la musique
▸ exprimer la concession
▸ utiliser la voix passive
▸ familiariser les apprenants avec les nombres ordinaux

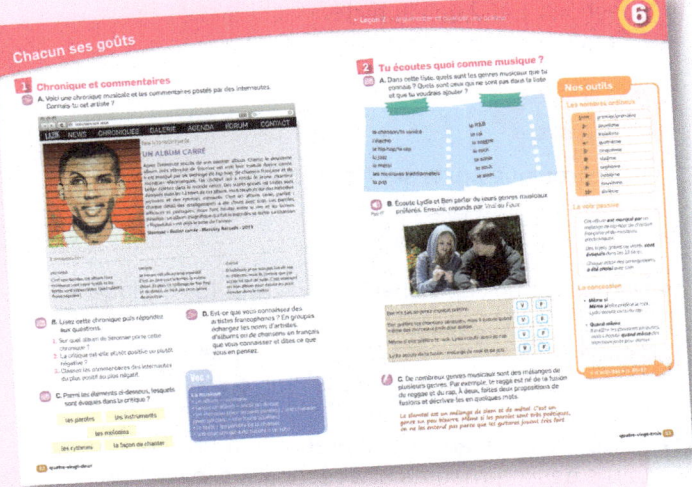

1. Chronique et commentaires

Objectifs de l'activité
Lire et comprendre une critique musicale
Connaître et parler de la musique française et francophone

Mise en route : Faites écouter la chanson *Papaoutai* aux apprenants ☞ https://www.youtube.com/watch?v=oiKjOZ_Xnjc Demandez-leur s'ils connaissent la chanson, l'artiste. Demandez aux apprenants qui connaissent la chanson s'ils peuvent donner des détails sur le thème, s'ils peuvent expliquer qui est le chanteur.
Après l'écoute de la chanson et du visionnage du clip, demandez aux apprenants ce qu'ils en pensent.

Déroulement
A.
- Avant de commencer l'activité, demandez aux apprenants de consulter le cadre « Voc + », expliquez-leur le vocabulaire.
- Ensuite, demandez aux apprenants d'observer le document de l'activité 1.A. Attirez leur attention sur le paratexte. **Quel est le support du document ?** *C'est un article d'une page Internet.* **Quel est le sujet du document ?** *Le sujet du document est la musique.* **De quel type de document s'agit-il ?** *Il s'agit d'un article, plus précisément d'une critique.*
- Finalement, demandez aux apprenants d'observer la photo et demandez-leur s'ils reconnaissent l'artiste.
- Demandez aux élèves de relever les nombres qui servent à classer dans le texte : *premier, deuxième* puis rendez-vous à la page 86 pour réaliser l'activité du point 1.

Corrigés

Il s'agit de Stromae, qu'ils viennent de voir lors de la mise en route.

Pour en savoir plus
- Stromae, de son vrai nom Paul Van Haver, est un chanteur belge, de père rwandais et de mère belge. Ses talents musicaux sont complets puisqu'il est auteur-compositeur-interprète. Il est aussi producteur de musique. Son style musical est un mélange de hip-hop, de musique électronique et de chanson française.
- Stromae (maestro en verlan) s'est fait connaitre en 2009 avec la chanson *Alors on danse* puis la consécration est venue avec son second album *Racine carrée* en 2013, salué par le public et les professionnels de la musique.
- Stromae démarre alors une tournée mondiale qui le rend célèbre dans le monde entier, il a notamment été applaudi dans la plus célèbre salle de concert au monde, le Madison Square Garden, à New York, en octobre 2015.

B.
- Invitez les apprenants à lire le texte. Il s'agit d'une compréhension globale du texte. Posez des questions aux apprenants pour vérifier leur compréhension : **Comment s'appelle le premier album de Stromae ?** *Il s'appelle Cheese.* **Comment s'appelle son deuxième album ?** *Il s'appelle Racine carrée.* **Quels styles de musique compose ce second album ?** *C'est un mélange de hip-hop, de chanson française et de musique électronique.* **Combien de titres composent l'al-

bum ? *Il est composé de 13 titres.* **Quel est le tube de l'année ?** *Papaoutai.*

- Dites aux apprenants de former des binômes, invitez-les à lire une nouvelle fois le texte puis à répondre aux questions 1 et 2 de l'activité.
- Faites une mise en commun.

Corrigés

1. La chronique porte sur l'album *Racine carrée*.
2. La critique est plutôt positive.

- Demandez aux apprenants de relever les critiques positives :

C'est un album carré, parfait. Les paroles efficaces et poétiques. Un album magnifique qui fait le buzz dès sa sortie.

- Invitez maintenant les apprenants à lire les commentaires des internautes et à répondre à la question 3.
- Demandez aux apprenants de relever les expressions (ou mots) qui montrent si les commentaires sont positifs ou négatifs.

Corrigés

CRITIQUES POSITIVES	CRITIQUES NÉGATIVES
C'est une bombe !	*Trop répétitif*
Impeccables !	*Tout le temps la même chose*
Quel talent !	
Bravo !	
J'ai accroché	
C'est un bon album	

- Demandez aux apprenants d'observer la phrase suivante et de tirer les conclusions qui s'imposent :
Des sujets graves ou tristes sont évoqués dans les 13 titres.
- Demandez-leur de déterminer le sujet de la phrase *(des sujets graves ou tristes)*.
- Ensuite, demandez-leur d'évaluer si le sujet est actif (il fait une action) ou passif (il subit une action). *(passif)*
- Finalement, demandez-leur d'analyser la forme verbale : *verbe être conjugué au présent de l'indicatif + participe passé, accordé avec le sujet.*
- Dites-leur alors qu'il s'agit de la voix passive, qui est beaucoup utilisée dans l'écriture journalistique, puisqu'elle permet d'omettre le sujet de l'action lorsque celui-ci est inconnu.
- Rendez-vous enfin à la page 87 pour réaliser l'activité du point 4.

C.

- Demandez aux apprenants de discuter en groupe de 3 ou 4 des éléments qui sont importants pour eux pour juger un album. Laissez un dictionnaire par groupe pour qu'ils puissent y chercher du vocabulaire si nécessaire.
- Faites une mise en commun au tableau.
- Ensuite, demandez aux apprenants d'observer les étiquettes de l'activité et voyez si ce sont les mêmes que les éléments suggérés par les apprenants. Expliquez les mots éventuels qui n'ont pas été dits auparavant.
- Invitez les apprenants à former des binômes et à retrouver quels sont les éléments proposés dans la chronique.
- Faites une mise en commun au tableau.

Corrigés

les paroles, les mélodies, les rythmes.

Pour aller plus loin

- Faites découvrir Stromae à vos apprenants et sa célèbre chanson *Papaoutai* en réalisant cette activité proposée par TV5 Monde : http://enseigner.tv5monde.com/fle/papaoutai

D.

- Demandez aux apprenants de former des groupes de 2 ou 3 et de faire un remue-méninges des chansons, des artistes ou des albums français ou francophones qu'ils connaissent.
- Si, préalablement, vous vous doutez qu'ils n'en connaissent pas ou peu, dressez-leur une liste de chanteurs ou albums pour qu'ils en découvrent quelques uns.
- Vous pouvez citer les chanteurs suivants : Zaz, Cœur de pirate, Kendji Girac, Grand Corps Malade, Daft Punk, David Guetta, Christine and the Queens, Calogero, Vianney, TAL, Fréro Delavega, etc. Retrouvez des idées et des clips sur le site suivant : ☞ http://chansonsfle.blogspot.com.es/
- Ensuite, demandez aux apprenants de chercher des informations afin de dresser une fiche qui présente une chanson, son artiste et l'album sur lequel cette chanson apparait. Précisez-leur qu'ils doivent également dire ce qu'ils pensent de la chanson, en s'appuyant sur les expressions vues dans le document de l'activité 1.A.
- Une fois ces informations recueillies, indiquez aux apprenants qu'ils vont présenter une chanson à la classe, en donnant également des informations sur le chanteur et l'album.
- Ensuite, dites aux apprenants de faire écouter la chanson choisie (avec le clip si possible) au reste de la classe. Laissez les apprenants donner leur avis sur la chanson et demandez au reste de la classe s'il partage l'opinion du groupe qui a présenté la chanson.
- Demandez aux élèves de réaliser un Top 3 des chansons qui ont été présentées.

2. Tu écoutes quoi comme musique ?

Objectif de l'activité
Connaître les différents genres musicaux

Mise en route : Demandez aux apprenants quel est le genre de musique qu'ils préfèrent. Notez-les au tableau.

Déroulement
A.
- Demandez aux apprenants de lire les styles musicaux.
- Vous pouvez faire une petit un test musical. Faites écouter 20 secondes des styles de musique suivants et demandez aux apprenants de déterminer le genre correspondant.
  1. Le rock : Louise Attaque, *Anomalie*
  2. La chanson / la variété : Bénabar, *Le dîner*
  3. Le reggae : Raspigaous, *Zappe*
  4. Le métal : Gojira, *L'enfant sauvage*
  5. Le rap : Akhenaton, *Petit frère*
  6. Le jazz : Claude Nougaro, *Armstrong*
  7. Le slam :Grands corps malade, *Les voyages en train*
  8. Le zouk : Kassav, *Sye Bwa*
- Faites une mise en commun.
- Demandez aux apprenants s'ils connaissent tous les styles. N'hésitez pas à leur passer des morceaux des styles qu'ils ne connaissent pas.
- Il est probable que les apprenants ne connaissent ni le raï ni le slam.

Pour en savoir plus
- **Le slam :**
  Le slam est un mouvement artistique, né dans les années 1980 à Chicago (États-Unis), qui repose essentiellement sur la poésie. Les rappeurs se sont appropriés ce mouvement pour se démarquer du hip-hop. Au début, il s'agissait d'organiser des lectures de poésie, de manière libre afin de mettre en avant la liberté d'expression, dans le but de rendre ces soirées moins élitistes.
- En France, le slam s'est fait connaître au début des années 2000 grâce à Grand Corps Malade.
- **Le raï :**
  Le raï est un genre de musique né en Algérie au début du XXe siècle. Le raï s'est fait connaître en France dans les années 1980, offrant aux jeunes issus de l'immigration maghrébine, une musique qui leur ressemble, et il a connu une deuxième vague de mode à la fin des années 1990 grâce à Faudel, surnommé le Petit Prince du Raï. Faudel, *Tellement je t'aime* : ☞ https://www.youtube.com/watch?v=gDVIQ4DSbLw
- **Le zouk :**
  Le zouk est un genre musical né dans les Antilles françaises au début des années 1980. Il a connu une reconnaissance dans le monde entier grâce au groupe Kassav.

- Finalement, demandez aux apprenants si, dans la liste, il manque des genres de musique et invitez-les à les ajouter.

B. 🔊 Piste 17
- Dites à vos apprenants qu'ils vont écouter un dialogue. Proposez-leur de lire l'énoncé afin de comprendre le contexte du dialogue, à savoir, une conversation entre deux jeunes qui parlent de leurs genres musicaux préférés.
- Faites une première écoute.
- Lisez le tableau avec les apprenants afin de vous assurer qu'ils comprennent bien le vocabulaire utilisé.
- Faites une seconde écoute pendant laquelle les apprenants réalisent l'activité. Laissez quelques secondes à la fin du dialogue pour laisser du temps aux apprenants pour compléter leurs réponses.
- Faites une mise en commun au tableau.

Corrigés

1. Faux	2. Vrai	3. Vrai	4. Faux

- Demandez aux apprenants d'observer les phrases suivantes : **Même si elle préfère le rock, Laura écoute aussi du rap. / J'écoute de tout mais je préfère quand même le hip-hop.**
- Demandez aux apprenants d'expliquer, en langue véhiculaire, ce qu'expriment les deux expressions soulignées.
- Puis rendez vous à la page 86 pour réaliser l'activité du point 3.
Voir Transcriptions page 124 du Livre.

Pour aller plus loin
- Demandez aux apprenants de former des groupes de 4 ou 5 apprenants. Invitez-les à discuter sur leurs goûts musicaux, en déterminant le genre qu'ils préfèrent, celui qu'ils écoutent de temps en temps, celui qu'ils détestent et leurs raisons.
- Passez dans la classe pour les écouter et corriger les erreurs éventuelles.

c.

- Demandez aux apprenants de former des binômes et d'inventer un nouveau genre musical, en fusionnant deux genres qui existent déjà, et de le décrire. Indiquez-leur qu'ils doivent décrire des instruments, des paroles, du rythme, etc.
- Précisez aux apprenants que la contrainte de l'exercice est d'insérer une expression de la concession.
- Demandez aux apprenants de lire leur texte au reste de la classe.
- Les apprenants peuvent former un jury et voter pour la présentation qu'ils ont trouvée la plus originale.
- Vous pouvez afficher les trois textes gagnants dans la classe.
- Postez tous les textes sur le blog de la classe s'il y en a un.

Tout finit par des chansons

OBJECTIF DE LA LEÇON 3
Utiliser des images et des métaphores

OBJECTIFS SPÉCIFIQUES des activités de la double page

- reconnaître et comprendre des images et des métaphores
- connaître une chanson et une chanteuse québécoise
- découvrir des chansons en français
- savoir donner ses impressions
- écrire un couplet de chanson à partir d'une expression imagée
- utiliser le pronom relatif **dont**
- exprimer le doute et la certitude

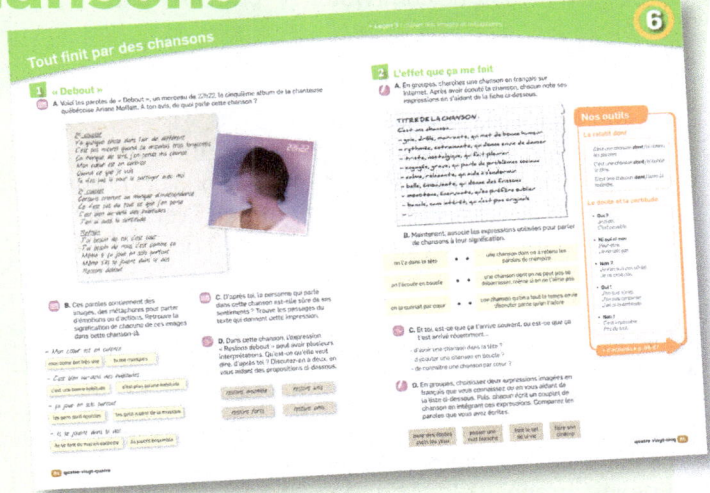

1. « Debout »

Objectifs de l'activité
Découvrir une chanson québécoise
Comprendre des images et des métaphores

Mise en route : Demandez aux apprenants de former des binômes puis de chercher quelles sont les caractéristiques d'une chanson. Prévoyez un accès à un dictionnaire (en papier ou numérique) pour que les apprenants puissent trouver les mots en français. Vous pouvez laisser les élèves observer le morceau de chanson proposé dans l'activité 1.A. Faites une mise en commun au tableau.

Propositions de corrigés
Les caractéristiques d'une chanson sont les suivantes :
- La musique
- Les paroles
- Les couplets : une strophe d'une chanson. Chaque couplet d'une chanson exprime une idée.
- Le refrain : strophe d'une chanson qui se répète plusieurs fois.
- Les rimes : répétition de sons identiques à la fin des mots.
- Poésie des paroles : on exprime une idée en utilisant des métaphores, des images, des émotions, des sentiments.

Déroulement
A.
- Invitez les apprenants à lire une première fois les paroles de « Debout ».

- Posez-leur des questions afin de vérifier ce qu'ils ont déjà compris : **Qui parle à qui ?** *un « je » parle à un « tu »*. **Quelle est la relation entre les deux personnes ?** *Les deux personnes sont amoureuses « cœur », « besoin de toi », « besoin de nous ».*
- Il s'agit d'une compréhension globale de la chanson, insistez sur le fait qu'il n'est pas nécessaire de comprendre tous les mots de la chanson pour en comprendre le sens global. Ici, plutôt que d'appeler au sens analytique des apprenants, invitez-les à mettre en avant leur sensibilité littéraire.
- Demandez aux apprenants de relire le premier couplet et de définir l'idée exprimée dans ce couplet : *L'idée exprimée est le manque lorsque la personne dont est amoureuse la chanteuse est absente.*
- Faites de même avec le second couplet : *Les gens peuvent dire que ce manque est un manque d'indépendance mais selon la chanteuse, ce n'est pas ça.*
- Et enfin, répétez cette opération pour le refrain : *Le besoin d'être à deux.*
- Finalement, demandez aux apprenants de répondre à la question de l'activité.

Corrigés

La chanson parle des relations de couple.

Pour aller plus loin
Debout
Vous pouvez montrer le clip de la chanson aux élèves :
☛ https://www.youtube.com/watch?v=prdc3aWnZg8

- **Ariane Moffatt**
  Ariane Moffatt est une chanteuse et auteure-composi-trice-interprète québécoise, née en 1979.
  C'est une chanteuse de pop rock. Elle s'est faite connaître en France grâce à Mathieu Chedid, qu'elle a rencontré aux FrancoFolies de Montréal, avec qui elle a fait une reprise de la célèbre chanson *La Bonne Étoile.*

B.
- Invitez les élèves à prendre connaissance de l'activité.
- Demandez-leur de lire les images et leurs possibles significations. Assurez-vous qu'ils comprennent la signification de toutes les étiquettes. Précisez-leur que certaines expressions sont québécoises.
- Ensuite, proposez-leur de réaliser l'activité en binôme. Conseillez-leur de repérer l'image dans la chanson afin de s'appuyer sur le contexte pour en comprendre la signification.
- Faites une mise en commun.

Corrigés

- Mon cœur est en carence = tu me manques.
- C'est bien au-delà des habitudes = c'est plus qu'une habitude.
- Ça joue en solo partout = les gens sont égoïstes
- Ils se jouent dans le dos = ils se font du mal en cachette.

C.
- Demandez aux apprenants de lire une fois de plus les paroles de la chanson et de repérer les passages du texte qui expriment la certitude.
- Invitez les apprenants à comparer leurs réponses avec un camarade afin de les vérifier.
- Faites une mise en commun au tableau.

Corrigés

Ce n'est pas du tout ce que j'en pense.
J'en ai aussi la certitude.

- Ensuite, invitez les apprenants à consulter la colonne *Nos outils* page 85 et à lire les expressions qui expriment le doute et la certitude.

D.
- Demandez aux apprenants de former des binômes et de discuter sur le sens de la chanson. Dites-leur de s'aider des propositions suggérées dans le livre. Dites-leur que l'important est de justifier leur réponse.
  – Je crois que la chanson signifie « restons ensemble » parce que la chanteuse ne veut pas être séparée de la personne qu'elle aime.
  – Moi, au contraire, je pense que « restons debout » signifie « restons unis » parce que la chanteuse critique les couples qui sont ensemble, mais se font du mal en cachette.

2. L'effet que ça me fait

Objectifs de l'activité
Parler des impressions provoquées par une chanson
Utiliser le pronom relatif « dont »

Mise en route : Demandez aux apprenants si, selon eux, certains moments sont privilégiés pour écouter certaines chansons.
Moi, quand je suis de bonne humeur, j'écoute des chansons qui ont beaucoup de rythme.

Déroulement
A.
- Vous pouvez proposer une liste de chansons aux apprenants, telles que *Le Portrait* (Calogero), *Elle m'a aimé* (Kendji Girac), *Elle m'a dit* (Mika), *Je veux* (Zaz), *Le Chant des sirènes* (Fréro Delavega), *Carmen* (Stromae), *Kalthoum* (Ibrahim Maalouf), *Les Amoureux* (Aldebert), *Allongés dans l'herbe* (Thomas Dutronc), *Tout va bien* (Max et Mango), *Maman* (Louanne), *Crier tout bas* (Cœur de pirate), etc.
- Demandez aux apprenants de lire la fiche pour qualifier une chanson. Invitez-les à former des groupes de 4 ou 5 afin de s'entraider à se souvenir de la signification du vocabulaire. Invitez-les à consulter le dictionnaire afin de vérifier la définition des mots inconnus.
- Faites une mise en commun afin de vous assurer qu'il ne reste aucune lacune lexicale.
- Ensuite, proposez aux apprenants de former des groupes de 3 et à choisir une chanson francophone. Dites-leur qu'ils peuvent choisir une chanson déjà vue dans l'unité ou une chanson d'un chanteur dont ils ont déjà parlé dans l'unité ou auparavant.
- Invitez-les à écouter la chanson sur une plate-forme de partage telle que YouTube.
- Laissez les apprenants noter, individuellement, les impressions provoquées par la chanson puis proposez-leur de les comparer.
- Faites une mise en commun : **Est-ce qu'en général les chansons font le même effet aux apprenants qui les ont écoutées ?**

Pour aller plus loin

- Proposez aux apprenants de créer un répertoire musical dont le classement est l'effet provoqué par la chanson (tristesse, joie, émotion, etc).
- Invitez-les à créer un classeur sur Google Drive dans lequel ils mettent les données suivantes : l'effet provoqué, le titre de la chanson, le chanteur et un lien pour écouter la chanson.
- Proposez aux apprenants d'utiliser des couleurs pour rendre le répertoire plus facile et plus efficace à utiliser.
- Le classeur est partagé entre tous les apprenants de la classe, et chacun peut y participer quand il veut afin de permettre à ses camarades de connaître de nouvelles chansons. De plus, chacun pourra créer sa propre playlist selon le style de musique qu'il préfère écouter.

B.

- Invitez les apprenants à lire les expressions et leurs significations. Vérifiez qu'ils ont bien compris le vocabulaire des significations. Il est possible qu'il y ait besoin de leur expliquer les mots suivants : *retenir quelque chose* = se rappeler quelque chose ; se *débarrasser de quelque chose* = se défaire de quelque chose.
- Ensuite, proposez aux apprenants de relier les expressions avec leur signification. Invitez les apprenants à comparer leurs réponses avec celles d'un camarade pour les vérifier.
- Faites une mise en commun.

Corrigés

On l'a dans la tête – une chanson dont on ne peut pas se débarrasser, même si on ne l'aime pas.
On l'écoute en boucle – une chanson qu'on a tout le temps envie d'écouter parce qu'on l'adore.
On la connaît par cœur – une chanson dont on a retenu les paroles de mémoire.

- Attirez l'attention des apprenants sur la structure grammaticale des deux premières significations :
  1. **C'est une chanson dont on a retenu les paroles de mémoire.**
  2. **C'est une chanson dont on ne peut pas se débarrasser.**
- Demandez aux apprenants de retrouver les deux phrases sans l'utilisation du pronom relatif **dont**.
  1. **C'est une chanson. On a retenu les paroles de mémoire de la chanson.**
  2. **C'est une chanson. On ne peut pas se débarrasser de la chanson.**
- Demandez-leur de repérer la préposition qui introduit le complément.
  Il s'agit de la préposition « de ».

- Finalement, invitez les apprenants à émettre une règle grammaticale pour le pronom relatif **dont**.
  Dont est un pronom relatif qui remplace un complément introduit par **de**.
- Proposez aux apprenants de se rendre à la page 87 pour réaliser l'activité du point 5.

C.

- Prévoyez une petite balle. Demandez aux apprenants de former un cercle, puis lancez la balle à un apprenant en lui posant une des trois questions proposées par le livre. L'apprenant qui reçoit la balle répond et il la relance en posant une question à un camarade. Ainsi de suite jusqu'à ce que tous se soient exprimés.
  – Est-ce que ça t'arrive souvent d'écouter une chanson en boucle ?
  – Oui, j'écoute « Papaoutai » en boucle. Et toi, est-ce que tu connais une chanson par cœur ?

D.

- Demandez aux apprenants de former des binômes, puis dites-leur de choisir deux expressions imagées en français. Il peut s'agir d'une expression qu'ils connaissent déjà, une parmi celles proposées ou une que les apprenants peuvent trouver sur le site suivant : ☞ http://impress-your-french-teacher.site88.net/Expressions/
- Ensuite, demandez aux apprenants d'écrire chacun un couplet de chanson en intégrant l'expression choisie.
- Conseillez-leur de trouver préalablement, ensemble, le thème de la chanson afin que les couplets prennent sens une fois ensemble. Précisez-leur que le couplet doit faire entre 4 et 6 lignes et indiquez-leur de prendre en compte les rimes. Demandez-leur de comparer leur couplet et de se corriger entre eux. Dites-leur qu'ils peuvent apporter les modifications nécessaires pour que les deux couplets soient harmonieux.

Pour aller plus loin

- Proposez aux apprenants de chercher une musique qui correspond à leurs couplets. Si des apprenants composent de la musique, invitez-les à se servir de leurs talents et à créer leur propre musique. Ensuite, proposez aux apprenants d'organiser une séance de slam pendant laquelle les élèves lisent leurs couplets, accompagnés de la musique choisie.

Nos outils

RÉCAPITULATIF DES POINTS GRAMMAIRE

- ▸ les nombres ordinaux
- ▸ **Si... que / Tellement ... que**
- ▸ la concession
- ▸ la voix passive
- ▸ le relatif **dont**

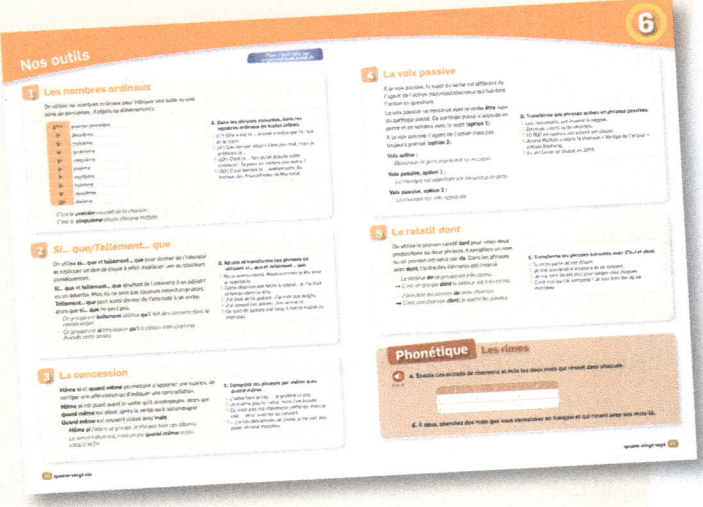

1. Les nombres ordinaux

1. Elle a été la **première** artiste à mélanger le rock et le slam.
2. Son dernier album n'est pas mal, mais je préférais le **quatrième**.
3. C'est la **dixième** fois qu'on écoute cette chanson. Tu peux en mettre une autre ?
4. C'est bientôt le **trentième** anniversaire du festival des FrancoFolies de Montréal.

Voir Précis de grammaire page 96 du livre.

2. *Si ... que / Tellement... que*

1. Nous avons **tellement** répété **que** nous sommes prêts pour le spectacle.
2. Cette chanson est **si/tellement** facile à retenir **que** je l'ai tout le temps dans la tête.
3. J'ai **tellement** joué de la guitare **que** j'ai mal aux doigts.
4. J'ai **tellement** écouté cet album **que** j'en ai marre.
5. Ce solo de la guitare est **si/tellement** long qu'il fait la moitié du morceau.

Voir Précis de grammaire page 108 du livre.

3. La concession

1. J'aime bien le rap, **même si** je préfère le rock.
2. Je n'aime pas le métal, mais j'en écoute **quand même**.
3. Ce n'est pas ma chanteuse préférée, mais je vais **quand même** venir avec toi au concert.
4. **Même si** j'ai fait des années de piano, je ne sais pas jouer un seul morceau.

Voir Précis de grammaire page 108 du livre.

4. La voix passive

1. Le reggae a été inventé par les Jamaïcains.
2. Cette chanson a été écrite par Stromae.
3. Cet album a été acheté par 10 000 personnes.
4. La chanson « Vertige de l'amour » d'Alain Bashung a été reprise par Ariane Moffatt.
5. Ce disque a été lancé en 2015.

Voir Précis de grammaire page 103 du livre.

5. Le relatif *dont*

1. C'est l'album **dont** tu m'as parlé.
2. C'est un concert **dont** je me souviendrai toujours.
3. C'est cet étui **dont** je me sers toujours pour ranger mes disques.
4. C'est un morceau que j'ai composé et **dont** je suis très fier.

Voir Précis de grammaire page 100 du livre.

Phonétique

LES RIMES

Objectifs

Découvrir les différents modèles de rimes
Jouer avec les mots pour faire des rimes

Mise en route : Indiquez aux apprenants qu'une rime est la répétition de la voyelle finale, qui porte l'accent tonique, et des autres phonèmes qui, éventuellement, la suivent.
Faites écouter le premier couplet de « Debout » d'Ariane Moffatt. Invitez les élèves à avoir également les paroles devant eux et demandez-leur de repérer les rimes.
☞ https://www.youtube.com/watch?v=prdc3aWnZg8
Faites une deuxième écoute pour que les apprenants puissent vérifier leurs réponses.
Faites une mise en commun :
Différ**ent**/longt**emps**, rime en [ã]
Ch**ance**/car**ence**, rime en [ãs]
V**ois**/m**oi**, rime en [wa]

Déroulement

A. 🔊Piste 18

- Maintenant, dites aux apprenants qu'ils vont écouter des extraits de chansons et qu'ils doivent noter les deux mots qui riment.
- Faites une première écoute pour que les apprenants prennent connaissance des chansons.
- Faites une deuxième écoute. Faites une pause après chaque extrait pour laisser le temps aux apprenants de noter les mots.
- Demandez aux apprenants de comparer leurs réponses afin de les vérifier.
- Faites une mise en commun.
Voir Transcriptions page 124 du livre.

Corrigés

1	2	3
Paraplu**ie**	Br**as**	Am**ours**
parad**is**	B**as**	j**ours**

B.

- Demandez aux apprenants de former des binômes. Dites aux apprenants qu'ils vont devoir chercher le plus de mots qui riment avec ceux de la chanson.
- Faites 3 manches, chaque manche dure une minute. Dans la première, les apprenants cherchent des mots qui riment en [i]. Dans la seconde, ils cherchent des mots qui riment en [a] et dans la dernière, des mots qui riment en [uR].
- Après chaque manche, faites une mise en commun et demandez-leur de compter le nombre de mots qui comportent effectivement la rime.
- À la fin, le binôme qui a le plus de points gagne.

Pour en savoir plus

- En français, il existe plusieurs dispositions de rimes, les principales sont les suivantes :
  - Les rimes plates : AABB
  - Les rimes croisées : ABAB
  - Les rimes embrassées : ABBA.
- De la même manière, la qualité des rimes peut varier. On parle de rime *pauvre* lorsqu'on reprend seulement la voyelle accentuée (bras/bas), de rime *suffisante* lorsqu'on reprend une consonne et une voyelle (ou voyelle et consonne) (jours/amours) et de rimes *riches* lorsqu'on reprend trois phonèmes ou plus

  Avant d'entrer dans ma c**ellule**
  Il a fallu me mettre nu
  Et quelle voix sinistre u**lule**
  Guillaume qu'es-tu devenu.
  Apollinaire, *À la santé*

Pour aller plus loin

- Demandez aux apprenants d'écrire, en groupes de 2 ou 3, un couplet de chanson en imposant une contrainte de disposition et une de qualité des rimes.
- Les apprenants affichent leur création sur le mur de la salle, les autres apprenants lisent et évaluent les poèmes de leurs camarades. Les trois meilleurs couplets peuvent rester accrochés dans la salle.
- Vous pouvez permettre aux élèves d'évaluer les autres créations grâce à un système d'étoiles : 1 étoile = je n'aime pas beaucoup ; 2 = c'est pas mal ; 3 = j'aime beaucoup.

MAG.COM

En avant la musique !
Du gramophone au smartphone

OBJECTIF
Parler des différents supports servant à écouter de la musique

Présentation des documents :

Une description et une illustration des différents supports
pour écouter de la musique de la fin du XIXe siècle à nos jours :

- ▶ le phonographe
- ▶ la platine tourne-disque
- ▶ le magnétophone à cassettes

- ▶ le CD
- ▶ le baladeur numérique
- ▶ le smartphone

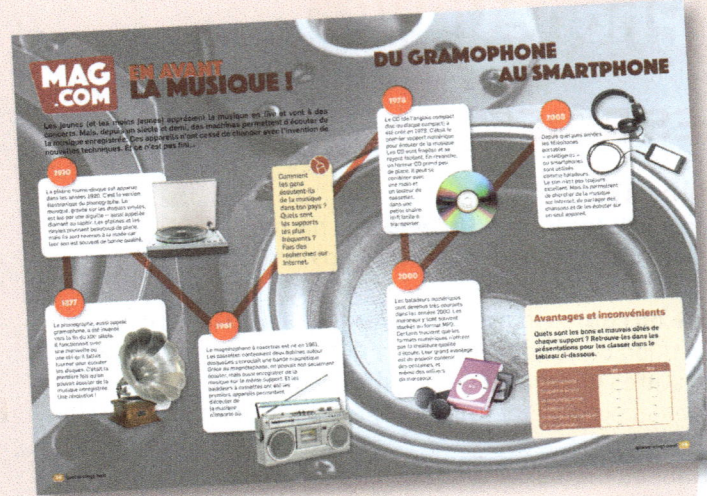

En avant la musique ! Du gramophone au smartphone

Mise en route : Demandez aux apprenants quels sont les supports qu'ils utilisent pour écouter de la musique.
Notez-les au tableau.
Afin d'éveiller leur curiosité, indiquez-leur que la première machine pour écouter de la musique enregistrée est née en 1877.
Invitez-les finalement à ouvrir leur livre pages 88-89 et à observer les différents appareils permettant d'écouter de la musique.

Déroulement

- Invitez les apprenants à lire le texte introducteur puis posez-leur les questions suivantes afin de vérifier ce qu'ils ont compris : **Que font les personnes qui aiment la musique en live ?** *Elles vont à des concerts.* **Depuis combien de temps peut-on écouter de la musique enregistrée ?** *Depuis un siècle et demi.* **Pourquoi les machines qui permettent d'écouter de la musique changent ?** *Parce qu'elles évoluent en même temps qu'on invente de nouvelles techniques.*
- Puis, demandez aux apprenants de lire les descriptions de chaque machine et de remplir le tableau ci-dessous. Vous pouvez laisser les apprenants consulter un dictionnaire (papier ou numérique) pour chercher les mots qui leur posent des difficultés ou passer entre les groupes et les aider.

	QUOI ?	QUAND ?	COMMENT ÇA FONCTIONNE ?
1	Phonographe	1877	Grâce à une manivelle ou une clé qu'il fallait tourner.
2	Platine tourne-disque	1920	La musique est gravée sur un disque, lue par une aiguille.
3	Magnétophone à cassettes	1961	Grâce à deux bobines autour desquelles s'enroulait une bande magnétique.
4	CD	1978	Support numérique, les CD sont lus dans un lecteur CD.
5	Baladeur numérique	2000	Support numérique, format MP3
6	Smartphone	2008	Le téléphone lit la musique.

- Faites une mise en commun au tableau.
- Ensuite, demandez aux apprenants de lire le texte une seconde fois et de réaliser l'activité du livre en binôme.

Corrigés

	LES +	LES -
Phonographe	*On peut enfin écouter de la musique enregistrée !*	
Platine tourne-disque	*Le son est de bonne qualité.*	*Elle prend beaucoup de place.*
Magnétophone à cassettes	*- On peut enregistrer de la musique.* *- On peut écouter de la musique n'importe où.*	
CD	*- Légers.* *- Ils prennent peu de place.* *- Le lecteur CD peut se combiner dans une petite chaine hi-fi facile à transporter.*	*Les CD sont fragiles et se rayent facilement.*
Baladeur numérique	*Il peut contenir des milliers de morceaux.*	*Le son n'est pas de très bonne qualité.*
Smartphone	*Il permet de chercher de la musique sur Internet, de partager des chansons et de les écouter.*	*Le son n'est pas toujours excellent.*

- Demandez aux apprenants de faire des groupes de 3 ou 4 et de réaliser une recherche sur Internet afin de savoir quelle est la place de la musique dans leur pays.
- Dites-leur de chercher les informations suivantes : **Quels supports sont les plus fréquents pour écouter de la musique ? Les gens vont-ils souvent en concert? Quelle place occupe la musique dans les loisirs des personnes de votre pays ? Quel style de musique est le préféré des jeunes ?** etc.
- Vous pouvez demander aux apprenants de présenter leurs recherches sous forme de carte mentale et de les présenter à la classe.
- Vous pouvez former un jury avec les élèves. Pour cela, apportez des papiers en classe et une urne. Prévoyez une grille d'évaluation avec comme critères : soin et présentation, créativité, originalité, intérêt et une notation de 1 à 4 (1 étant le minimum).
- Prévoyez un diplôme ou une récompense pour les gagnants. Enfin, postez les cartes mentales sur le blog de la classe s'il y en a un.

Notre projet final

Organiser un marché aux chansons

OBJECTIFS

▶ travailler en groupe sur la tâche finale : savoir écouter les autres, négocier, interagir, argumenter pour défendre son opinion, ses préférences
▶ trier, organiser et présenter des informations
▶ savoir parler d'une chanson
▶ argumenter, convaincre

Matériel

▶ Feuilles A5 cartonnées de différentes couleurs, crayons de couleurs, feutres.

Déroulement par phases

Avant de commencer la phase 1, lisez les consignes en classe avec les apprenants et assurez-vous de leur compréhension.

Vous pouvez aussi leur signaler où se trouvent, dans le livre, le lexique et la grammaire dont ils auront besoin.

Expliquez aux apprenants qu'ils devront parler le plus possible en français pour se mettre d'accord entre eux.

PHASE 1 Le stock

- Demandez aux apprenants de penser à une chanson qu'ils aiment et de l'apporter en classe. Prévoyez quelques ordinateurs pour pouvoir écouter des CD, lire la chanson à partir d'une clé USB ou télécharger la chanson.
- Prévoyez également des écouteurs ou des casques pour que chacun puisse écouter les chansons tranquillement.
- Ensuite, donnez-leur 5 fiches sur lesquelles vous leur demandez d'écrire des informations sur la chanson choisie : le titre, l'artiste, la date, le genre, le titre de l'album, etc. Ainsi, les apprenants créent leur propre stock de chanson.
- Vous pouvez leur conseiller d'ajouter une image de l'artiste ou de l'album d'où la chanson est tirée.
- De la même manière, afin de convaincre lors de la phase vente/achat, dites à vos apprenants de soigner la présentation de la fiche en utilisant des couleurs.
- Également, vous pouvez indiquer aux apprenants de préparer une « anti-sèche » sur laquelle ils écrivent pourquoi ils aiment la chanson, l'effet qu'elle leur fait, etc. Tous les arguments qu'ils pourront utiliser pour vendre leur chanson.

PHASE 2 La vente

- Les apprenants se rencontrent par deux, chacun essaye de vendre sa chanson. Invitez-les à faire écouter un extrait à la personne à laquelle ils essayent de vendre leur chanson.
- Lors de cette phase, les apprenants décrivent la chanson qu'ils vendent, mais ils présentent aussi des arguments pour convaincre leurs camarades d'acheter la chanson. Conseillez-leur d'utiliser l'expression de la concession. *Même si tu n'aimes pas le rap, tu vas adorer cette chanson, elle est très belle, les paroles te font réfléchir.*
- Vous pouvez convenir avec les apprenants d'un temps d'achat/vente, par exemple 20 à 30 minutes.
- Quand une chanson est vendue, le vendeur donne sa carte à l'acheteur.
- Passez dans la classe afin de vous assurer que les apprenants parlent effectivement en français et qu'ils suivent bien les règles.

PHASE 3 Le bilan

- Au tableau, préalablement, notez le nom des apprenants puis laissez compléter les colonnes « nom de la chanson », « j'ai vendu cette chanson ... fois ».
- Une fois le tableau complété, analysez avec les apprenants combien de chansons ont été vendues et quelles sont celles qui ont le plus de succès.
- Invitez les cinq meilleurs vendeurs à faire écouter leur chanson à la classe puis à la décrire.

ET MAINTENANT...

- Faites un brainstorming avec les élèves : pour élaborer une playlist, quels critères suivre ?
- Puis, invitez les apprenants à former des groupes de 6 à 8 et proposez-leur de créer une playlist en suivant les critères énoncés par la classe auparavant.
- Indiquez aux élèves qu'ils peuvent écouter les chansons s'ils en ont besoin.
- Finalement, proposez aux apprenants de projeter l'ordre de leur playlist afin que tous puissent la voir.
- Laissez les apprenants argumenter entre eux pour arriver à un ordre commun.
- Vous pouvez graver les chansons sur un CD vierge et imprimer la playlist et les offrir aux élèves.

UNITÉ 6

ON CONNAÎT LA CHANSON

Matériel
- appareils pour écouter des chansons

Outils linguistiques
- le lexique de la musique

Matériel : Appareils pour écouter des chansons : un ordinateur branché à des haut-parleurs
Nombre de joueurs : 4 ou plus
Temps : 20 minutes

Objectif général
Réviser de manière ludique les acquis de l'unité 6

Objectifs spécifiques
Utiliser le lexique de la musique
Développer les connaissances musicales des apprenants

Déroulement
1. Préalablement : préparez une playlist d'au moins 10 chansons que les apprenants connaissent. Pour être sûr qu'ils vont connaître toutes les chansons, vous pouvez leur proposer de créer eux-mêmes la playlist avec des titres qu'ils aiment ou avec des titres francophones découverts pendant l'unité ou leurs années d'apprentissage du français ou vous pouvez vous appuyer sur la playlist élaborée pendant la tâche finale.

2. et 3. Répartissez la classe en deux équipes. Vous êtes le DJ. Vous faites écouter les 30 premières secondes du début d'une chanson.

4. et 5. À chaque extrait, chaque équipe doit deviner le titre ou l'interprète de la chanson, si elle trouve l'un ou l'autre, elle marque 1 point. Si elle trouve les deux, elle marque 2 points.

6. Lorsque vous avez fait écouter tous les extraits des chansons, vous comptez les points pour déterminer quelle équipe a gagné.

Variante
À chaque chanson, déterminez un porte-parole. Seule sa voix compte. Ses camarades peuvent l'aider, mais c'est seulement si le porte-parole s'exprime que l'équipe peut remporter le(s) point(s).

Vous savez déjà faire beaucoup de choses !

Objectif

Faire un bilan de toutes les connaissances acquises au cours des unités 5 et 6.

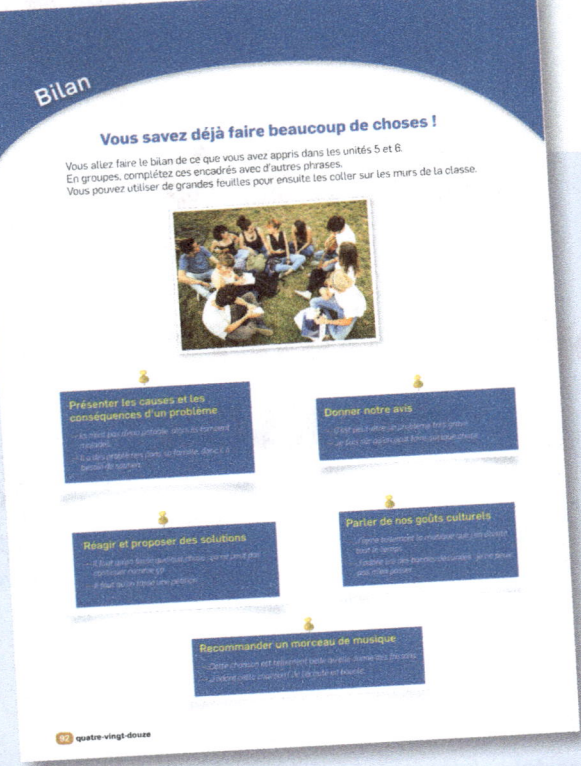

Déroulement

- Expliquez à vos apprenants que cette activité a pour but de revoir les différentes connaissances qu'ils ont acquises dans les deux unités précédentes.
- Formez des groupes de 3 à 5 apprenants. Donnez-leur du papier grand format, qui pourra ensuite être affiché sur les murs de la classe, ainsi que des feutres de différentes couleurs.
- Demandez à chaque groupe d'écrire le titre d'un des savoir-faire de la page. Attribuez-en un à chaque groupe afin que tous soient utilisés et qu'aucun ne soit répété.
- Chaque groupe utilise une fiche d'une couleur différente. À présent, chaque groupe doit formuler une phrase en relation avec le titre du savoir-faire de la fiche couleur.
- Chaque groupe passe ensuite la fiche au groupe se trouvant à côté ou derrière. Précisez que, maintenant, chaque groupe doit ajouter une phrase sur la fiche qu'il vient de recevoir. Au tour suivant, les groupes doivent à nouveau formuler une phrase et passer la fiche à un autre groupe, etc.

- Pour résumer, sur chaque fiche couleur, chaque groupe aura inscrit une phrase avec le savoir-faire demandé.
- Demandez ensuite aux apprenants de disposer les fiches sur les murs. Attribuez à chaque groupe une fiche et donnez-leur une minute pour corriger les fautes éventuelles.
- Au bout d'une minute, tapez dans vos mains, les groupes tournent et ont une minute pour corriger une autre fiche. Procédez de la sorte jusqu'à ce que chaque groupe ait vu toutes les fiches.
- Vous pouvez ensuite prendre quelques fiches (celles où il y a eu beaucoup de corrections ou de contre-corrections par exemple) et proposer une correction collective.

ÉVALUATION

COMPRÉHENSION ORALE

Exercice 1

Écoute le dialogue et complète le tableau. Coche Vrai, Faux ou On ne sait pas. Justifie ta réponse.

Dialogue 1. Piste 4 (Piste audio du livre de l'élève)

	Vrai	Faux	On ne sait pas
1. Marc a appelé la police parce que ses voisins faisaient trop de bruit. Justification :			
2. Lucas est énervé. Justification :			
3. Quand il était jeune, Marc faisait la fête très souvent. Justification :			
4. Depuis que Lucas habite dans l'immeuble, Marc ne dort plus le week-end. Justification :			
5. Le lendemain, Lucas va faire une fête pour son anniversaire. Justification :			

Exercice 2

Dialogue 2. Piste 14 (Piste audio du livre de l'élève)

Écoute l'émission de radio et réponds aux questions.

1. De quel phénomène parle l'émission de radio ?

2. Quelle est la « monnaie » d'échange mise en place par ce phénomène ?

3. Comment Lise a-t-elle connu Aurèle ?

4. Que s'échangent-ils ?

5. Selon Aurèle, qu'est-ce qui est bien dans ce système ?

COMPRÉHENSION ÉCRITE

Exercice 1

Lis le mail puis mets les phrases dans l'ordre.

De : amelie1205@aplus.com
À : xav3@aplus.com
Objet : vacances

Salut Xavier !
Comment tu vas ? Moi, ça va, je suis en vacances à Nantes depuis une semaine avec mes parents et mon frère. C'est trop bien ! Malheureusement, on part demain. Mais on s'est bien amusés ! On est allés deux fois à la mer et on s'est baignés. On a fait plein de choses : on a visité la Forêt de Brocéliande. C'est la forêt où se déroule de nombreux récits avec Merlin l'Enchanteur. On a aussi visité le château des Ducs et, c'est ce que j'ai préféré. Hier, on est allé à l'île aux Machines et on est montés sur un éléphant géant robotisé ! C'était génial, c'était comme être dans un livre de Jules Vernes ! D'ailleurs, à Nantes, il y a un musée sur Jules Verne mais on n'a pas eu le temps de le visiter. Dommage….
On s'est aussi beaucoup baladés dans la ville et on a mangé des crêpes. J'adore ça !! Ma crêpe préférée c'est la crêpe au caramel au beurre salé. C'est trop bon !!! Mon frère avait oublié son appareil photo et moi, mon chargeur de portable alors le début des vacances a été un peu tendu parce que mes parents se sont fâchés. Mais après ça allait mieux, tout le monde était content d'être en vacances !
Et toi, tu as fait quoi pendant les vacances ? Raconte-moi ! Je t'ai acheté des caramels au beurre salé !
Bisous,

Amélie

1. Amélie et sa famille ont visité l'Ile aux Machines. ☐

2. Les parents d'Amélie sont en colère. ☐

3. Amélie a acheté des bonbons au caramel au beurre salé. ☐

4. Amélie et son frère n'ont pas fait leurs bagages correctement. ☐

5. Amélie et sa famille vont partir de Nantes. ☐

6. La famille d'Amélie est allée à Brocéliande. ☐

Réponds par Vrai ou Faux.

	Vrai	Faux
1. Ça fait une semaine qu'Amélie et sa famille sont à Nantes.		
2. Amélie a visité le musée Jules Verne		
3. Merlin l'Enchanteur a créé la Forêt de Brocéliande.		
4. Amélie et son frère ont pris leur appareil photo et leur chargeur de portable.		
5. La famille d'Amélie était heureuse d'être en vacances.		
6. Les crêpes sont la seule spécialité gastronomique de la région.		

Exercice 2

Lis les chroniques musicales et réponds aux questions.

Ce mois-ci, sur notre site musika+, nous parlons de la musique d'hier et d'aujourd'hui. Voici la sélection de la rédaction.

 # Les coups de cœur du mois

Notre tube coup de cœur :
« Me quemo » de Kendji Girac est une chanson sortie en septembre 2015. C'est une chanson d'amour dont les paroles sont à la fois en français et en espagnol. Le rythme est entraînant, la musique oscille entre les genres électro et latino. Le refrain donne envie de danser et vous ne pourrez pas l'oublier !

Notre album coup de cœur :
« Octobre » est la chanson éponyme de l'album du groupe folk les Cowboys Fringants est sorti en octobre 2015. Trois ans après leur dernier album, les Québécois nous délivre un album engagé, défendant l'environnement et condamnant la corruption. « Octobre », le premier single de l'album, dénonce l'homme pressé et nous recommande de prendre le temps de vivre notre vie.

Coup de cœur rétro :
« L'hymne à l'amour » d'Edith Piaf est une anthologie de la chanson française, de 1950. La plus belle déclaration d'amour jamais écrite. Les instruments, classiques, mettent en valeur la voix de l'artiste et vous donnent des frissons.

Questions

1. Qui écrit des chansons engagées ?
- ☐ Kendji Girac
- ☐ Les Cowboys fringants
- ☐ Edith Piaf

2. Quelle chanson a-t-on facilement dans la tête ?
- ☐ *Me quemo*
- ☐ *Octobre*
- ☐ *L'hymne à l'amour*

3. Quelle chanson est émouvante ?
- ☐ *Me quemo*
- ☐ *Octobre*
- ☐ *L'hymne à l'amour*

4. La chanson *Octobre* parle...
- ☐ de la pollution dans les grandes villes.
- ☐ des gens qui ne prennent pas le temps de vivre.
- ☐ de la corruption dans le monde.

Évaluation

EXPRESSION ORALE

Exercice 1

Entretien dirigé
Tu te présentes. Tu parles de toi, de ta famille, de tes loisirs, de tes goûts, etc.

Exercice 2

Monologues
Ton professeur va te demander de présenter tes goûts. Choisis un sujet. Tu as dix minutes pour préparer l'entretien.
1) Aimes-tu le cinéma ? Quel genre de film tu préfères ? Pourquoi ? Fais un bref résumé du dernier film que tu as vu.
2) Quel est ton rapport avec la musique ? Quelle musique écoutes-tu ? Pourquoi ? À quelle fréquence tu écoutes de la musique, sur quel support ?

Exercice 3

Dialogues
A deux, choisissez un sujet et préparez le dialogue.
Sujet 1 :
Avec un ami, vous discutez pour mettre en place un programme pour être en forme.

Sujet 2 :
Tu apprends que ton/ta meilleur(e) ami(e) t'a menti. On ne lui a pas volé l'appareil photo que tu lui as prêté mais il / elle l'a cassé ! Tu t'expliques avec lui/elle.

EXPRESSION ÉCRITE

Exercice 1

Tu écris à ton correspondant français qui va bientôt venir chez toi. Tu lui parles de ta famille et des activités que tu as déjà prévues de faire. (80 – 100 mots)

Exercice 2

Tu t'engages comme volontaire pour proposer tes services à ceux qui en ont besoin. Tu écris un texte pour expliquer dans quelle association tu as choisi de t'engager pour tu as choisis de t'engager dans une association.
(80 – 100 mots)

COMPRÉHENSION ORALE

Exercice 1 1 point par bonne réponse /5

Écoute le dialogue et complète le tableau. Coche Vrai, Faux ou On ne sait pas. Justifie ta réponse.

Dialogue 1. 🔊 Piste 4

	Vrai	Faux	On ne sait pas
1. Marc a appelé la police parce que ses voisins faisaient trop de bruit. Justification : **Vous faisiez trop de bruit.**	✗		
2. Lucas est énervé. Justification : **Lucas est désolé.**		✗	
3. Quand il était jeune, Marc faisait la fête très souvent. Justification : **Je ne faisais pas la fête tous les jours.**		✗	
4. Depuis que Lucas habite dans l'immeuble, Marc ne dort plus le week-end. Justification : **On ne peut plus dormir le week-end depuis que vous êtes dans l'immeuble.**	✗		
5. Le lendemain, Lucas va faire une fête pour son anniversaire. Justification : **Demain, c'est vendredi. On a des amis qui viennent.**			✗

Dialogue 2. 🔊 Piste 14 1 point par bonne réponse /5

Écoute l'émission de radio et réponds aux questions.

1. De quel phénomène parle l'émission de radio ?
Elle parle des banques du temps.

2. Quelle est la « monnaie » d'échange mise en place par ce phénomène ?
Ce n'est pas l'argent, mais le temps.

3. Comment Lise a-t-elle connu Aurèle ?
Grâce à une annonce dans une banque du temps.

4. Que s'échangent-ils ?
Ils échangent des cours d'italien contre des cours de guitare.

5. Selon Aurèle, qu'est-ce qui est sympa dans ce système ?
Ils sont à la fois profs et élèves.

Évaluation corrigée

COMPRÉHENSION ÉCRITE

Exercice 1
Lis le mail puis mets les phrases dans l'ordre.

De:	amelie1205@aplus.com
À :	xav3@aplus.com
Objet :	vacances

Salut Xavier !
Comment tu vas ? Moi, ça va, je suis en vacances à Nantes depuis une semaine avec mes parents et mon frère. C'est trop bien ! Malheureusement, on part demain. Mais on s'est bien amusés ! On est allés deux fois à la mer et on s'est baignés. On a fait plein de choses : on a visité la Forêt de Brocéliande. C'est la forêt où se déroule de nombreux récits avec Merlin l'Enchanteur. On a aussi visité le château des Ducs et, c'est ce que j'ai préféré. Hier, on est allé à l'île aux Machines et on est montés sur un éléphant géant robotisé ! C'était génial, c'était comme être dans un livre de Jules Vernes ! D'ailleurs, à Nantes, il y a un musée sur Jules Verne mais on n'a pas eu le temps de le visiter. Dommage….
On s'est aussi beaucoup baladés dans la ville et on a mangé des crêpes. J'adore ça !! Ma crêpe préférée c'est la crêpe au caramel au beurre salé. C'est trop bon !!! Mon frère avait oublié son appareil photo et moi, mon chargeur de portable alors le début des vacances a été un peu tendu parce que mes parents se sont fâchés. Mais après ça allait mieux, tout le monde était content d'être en vacances !
Et toi, tu as fait quoi pendant les vacances ? Raconte-moi ! Je t'ai acheté des caramels au beurre salé !
Bisous,

Amélie

0,5 point par bonne réponse   /3

1. Amélie et sa famille ont visité l'Ile aux Machines. **3**

2. Les parents d'Amélie sont en colère. **5**

3. Amélie a acheté des bonbons au caramel au beurre salé. **6**

4. Amélie et son frère n'ont pas fait leurs bagages correctement. **4**

5. Amélie et sa famille vont partir de Nantes. **1**

6. La famille d'Amélie est allée à Brocéliande. **2**

Réponds par Vrai ou Faux.   **1 point par bonne réponse   /6**

	Vrai	Faux
1. Ça fait une semaine qu'Amélie et sa famille sont à Nantes.	X	
2. Amélie a visité le musée Jules Verne.		X
3. Merlin l'Enchanteur a créé la Forêt de Brocéliande.		X
4. Amélie et son frère ont pris leur appareil photo et leur chargeur de portable.	X	
5. La famille d'Amélie était heureuse d'être en vacances.	X	
6. Les crêpes sont la seule spécialité gastronomique de la région.		X

Exercice 2

1 point par bonne réponse   /4

Lis les chroniques musicales suivantes et réponds aux questions.

www.musikaplus.com

MUSIKAPLUS

Ce mois-ci, sur notre site musika+, nous parlons de la musique d'hier et d'aujourd'hui. Voici la sélection de la rédaction.

 **Les coups de cœur du mois**

Notre tube coup de cœur :
« Me quemo » de Kendji Girac est une chanson sortie en septembre 2015. C'est une chanson d'amour dont les paroles sont à la fois en français et en espagnol. Le rythme est entraînant, la musique oscille entre les genres électro et latino. Le refrain donne envie de danser et vous ne pourrez pas l'oublier !

Notre album coup de cœur :
« Octobre » est la chanson éponyme de l'album du groupe folk les Cowboys Fringants est sorti en octobre 2015. Trois ans après leur dernier album, les Québécois nous délivre un album engagé, défendant l'environnement et condamnant la corruption. « Octobre », le premier single de l'album, dénonce l'homme pressé et nous recommande de prendre le temps de vivre notre vie.

Coup de cœur rétro :
« L'hymne à l'amour » d'Edith Piaf est une anthologie de la chanson française, de 1950. La plus belle déclaration d'amour jamais écrite. Les instruments, classiques, mettent en valeur la voix de l'artiste et vous donnent des frissons.

Questions

1. Qui écrit des chansons engagées ?
☐ Kendji Girac
☐ *Les Cowboys fringants*
☐ Edith Piaf

2. Quelle chanson a-t-on facilement dans la tête ?
☐ *Me quemo*
☐ *Octobre*
☐ *L'hymne à l'amour*

3. Quelle chanson est émouvante ?
☐ *Me quemo*
☐ *Octobre*
☐ *L'hymne à l'amour*

4. La chanson *Octobre* parle...
☐ de la pollution dans les grandes villes.
☐ **des gens qui ne prennent pas le temps de vivre.**
☐ de la corruption dans le monde.

Évaluation corrigée

EXPRESSION ORALE /25

Exercice 1 /4

Entretien dirigé
Tu te présentes. Tu parles de toi, de ta famille, de tes loisirs, de tes goûts, etc.

Exercice 2 /5

Monologues
Ton professeur va te demander de présenter tes goûts. Choisis un sujet. Tu as dix minutes pour préparer l'entretien.
1) Aimes-tu le cinéma ? Quel genre de film tu préfères ? Pourquoi ? Fais un bref résumé du dernier film que tu as vu.
2) Quel est ton rapport avec la musique ? Quelle musique écoutes-tu ? Pourquoi ? A quelle fréquence tu écoutes de la musique, sur quel support ?

Exercice 3 /6

Dialogues
A deux, choisissez un sujet et préparez le dialogue.
Sujet 1 :
Avec un ami, vous discutez pour mettre en place un programme pour être en forme.

Sujet 2 :
Tu apprends que ton/ta meilleur(e) ami(e) t'a menti. On ne lui a pas volé l'appareil photo que tu lui as prêté mais il / elle l'a cassé ! Tu t'expliques avec lui/elle.

EXPRESSION ÉCRITE

Exercice 1

Tu écris à ton correspondant français qui va bientôt venir chez toi. Tu lui parles de ta famille et des activités que tu as déjà prévues de faire.
Réponse libre

Exercice 2

Tu t'engages comme volontaire pour proposer tes services à ceux qui en ont besoin. Tu écris un texte pour expliquer dans quelle association tu as choisi de t'engager. (80 – 100 mots)
Réponse libre

GRILLES D'ÉVALUATIONS

Expression orale

Exercice 1 L'apprenant est capable de se présenter, de parler de lui et de sa famille. Il peut répondre à des questions simples et interagir avec son interlocuteur.	4 points
Exercice 2 L'apprenant est capable de présenter ses goûts de manière simple et explicite, en reliant entre elles les informations apportés de manière claire.	5 points
Exercice 3 Les apprenants sont capables d'avoir une conversation fluide en acceptant, en refusant ou en faisant des propositions. Ils connaissent des expressions courantes en établissant un contact social de base.	6 points
Pour les 3 exercices Les apprenants doivent pouvoir utilisé un répertoire limité mais en relation aux situations courantes de la vie quotidienne, en employant des structures grammaticales simples mais claires et en ayant une prononciation claire du lexique connu.	10 points
	TOTAL : 25 points

Expression écrite

Capacités pragmatiques et sociolinguistiques	
- Respect de la consigne : adéquation productions / situations proposées. - Correction sociolinguistique : l'apprenant est capable d'utiliser un registre de langue en adéquation avec le destinataire et le contexte. - Capacité à décrire / informer.	8 points
Capacités linguistiques	
- Lexique approprié et orthographe. - Structures et formes grammaticales. - Cohérence et cohésion du texte.	6 points
Cohérence et cohésion	
- L'apprenant est capable de rédiger un texte simple et cohérent en reliant les énoncés avec les articulations les plus fréquentes.	1 points
	TOTAL : 15 points

À PLUS 3
GUIDE PÉDAGOGIQUE - NIVEAU A2.2

Auteure
Sophie Lhomme

Coordination éditoriale
Estelle Foullon

Conception graphique
Xavier Carrascosa
Enric Rújula

Mise en page
Enric Rújula

Couverture
Luís Lujan
Óscar García Ortega

Illustrations
Laura Desiree Pozzi (jeux), Martín Tognola (p. 43 et p.45 du livre)

Correction
Isabelle Meslin

© Les auteurs et Difusión, Centre de Recherche et de Publications de Langues, S.L., 2015

ISBN : 978-84-16273-22-5
Réimpression : juillet 2016
Imprimé dans l'UE

www.emdl.fr/fle